塩津紀彦
ロックフィッシュ激釣バイブル

モンスター獲りにかけるハンター直伝のノウハウ
―タックル理論からシーズナルパターンまで―

つり人社

JN160698

目次

004 ROCKFISH HUNTER 塩津紀彦が語る磯ロックの魅力
006 デイゲームの威力 磯ロック概論
012 堤防で最初の一歩 ロックフィッシュゲーム入門
016 夜の帳が下りたら堤防へ 手軽にロックフィッシュ

017 タックル TACKLES FOR ISO-ROCK
018 ①最重要な安全装備 アクシデントから身を守るのはあくまでも自分という認識を
020 ②磯ロックのベーシック モンスターと渡り合うためのロングロッドとヘビーテキサス
022 ③ロッドは遠投性を重視 遥か沖の手つかずエリアを攻略するロングロッドが必要不可欠
024 ④ベイトリールを選ぶ 頑丈な造りで酷使に耐え得るハイギア式ベイトリールが好適
026 ⑤理想のラインとは フロロの感度としなやかさが釣果を大きく左右する
028 ⑥シンカーは感度が命 バレット型と涙滴型シンカーはブラス素材の12～30gを常用
030 ⑦シンカーやフックの形状 シンカー形状は底質を考えて選びフックはワームの太さに合わせる
032 ⑧磯ロックの常用ワーム ワームはホッグ系が定番！ 10inのビッグワームも活躍
034 ⑨ワームのカラー 光量や潮色、魚の活性を踏まえ効果的なカラーを選択する
036 ⑩ワームのニオイとマテリアル 自然な波動で魚にアピールして最終的にニオイで食わせる
038 ⑪釣りをサポートする小物類 日中は偏光グラスが活躍する夜に備えてヘッドライトも必携

041 魅力的なターゲットを知る TARGET OF ROCKFISH GAME
042 ①各地の根魚事情 三陸海岸に端を発し全国に広がる磯ロック
044 ②アイナメ 年に2回訪れるハイシーズンは水温とエサの濃淡に左右される
046 ③ベッコウゾイ アイナメと双璧をなす南東北の主役迫力ある姿と模様に見とれる
048 ④クロソイ 夜の堤防で良型がねらえるベイトフィッシュに付く行動派
050 ⑤メバル ライトゲームの花形春～初夏は河口に近い磯が熱い
052 ⑥オオモンハタ ロックフィッシュの新星たくましい姿と強烈な引きが魅力
054 ⑦キジハタ 美しい橙の斑点をまとった人気魚目標は60㎝オーバーのモンスター
056 ⑧ゲストフィッシュ ムラソイは2kgが出ることも砂地絡む堤防ではフラット系

監修：塩津紀彦
編集：伊藤 巧
イラスト：山本ノラ

Column

040 ワームのセット手順
フックの大きさとゲイプ幅をチェック
真っ直ぐ刺すバランスが肝心

058 キャッチ＆リリース
磯ロックでは魚のキープはおすすめできない
たとえ1尾でも帰り道の体力的な負担になる

082 グループ釣行のメリット
ハードな磯ロックは必ず2人以上で釣行
フィールドでは情報を共有して大物を探す

102 最大のイベント「スポーニング」
秋から冬にかけて行なわれる一大イベント
荒食いのタイミング見極め好釣果

塩津紀彦 ロックフィッシュ激釣バイブル

059 磯の危険&テクニック ATTITUDE & TECHNIQUE

060 磯の危険①足場の確保は慎重に 事故の大半は荒天時に発生天気が崩れたら釣りに行かない
062 磯の危険②磯ロックの心構え 磯ロック上達に欠かせない愛と気合いと勇気とは
064 磯の危険③安全な場所への釣行 釣行前夜の天気予報を参考に風裏や波裏の磯へエントリー
066 磯の危険④行程中の山道 三陸の山にはクマも出る スズメバチなどの活動期も注意
068 テクニック①漁港の釣り方 堤防で始めるロックフィッシュ タイミングねらえばモンスターも
070 テクニック②底の探り方 大きな動きが大物を呼ぶハイリフト&フォール
072 テクニック③活性別アプローチ 活性に応じて攻め方を変え低活性時は反射食いを誘う
074 テクニック④リアクションバイトを誘う 食い渋るロックフィッシュには攻撃本能を刺激してやる
076 テクニック⑤根掛かり回避術 ラインから伝わる情報から根掛かりの気配を察知する
078 テクニック⑥アタリの出方 バイトからサイズを予測して大物のみアワセを入れる
080 テクニック⑦バイトを深くする ラインに軽くテンションかけてより深くワームを食い込ませる

083 釣魚のシーズナルパターン SEASONAL PATTERN

084 ①春 外洋の影響を受けない湾内 モガニを求めて浅場に出現
086 ②初夏&梅雨期 待望のハイシーズンに突入 ねらいは冬にディープへ落ちなかった大型
088 ③梅雨終盤&盛夏 水温が上昇して活発に行動 本命ポイントはサラシ
090 ④お盆&晩夏 数少ない居残り組をねらうなら水中も涼しい午前中が勝負
092 ⑤初秋 序盤は夏同様に釣りづらいがベッコウゾイは一発の魅力
094 ⑥晩秋 冷たい分岐流差し込む磯場に産卵を意識した大型が接岸
096 ⑦初冬 スポーニングが佳境を迎え釣り方が細分化する
098 ⑧厳寒期 常夜灯下にアイナメが潜む真冬は堤防でナイトゲーム
100 ⑨春序盤 水温が下限に達して安定すれば湾内磯で一発大物が期待できる

103 その他の釣魚たち ANOTHER STRATEGY

104 ①HOW TO クロソイ ベイトフィッシュが接岸すれば怒涛の入れ食いモードに突入
106 ②HOW TO メバル 磯が点在する夜のサーフで出れば尺超えシャローメバル
108 ③HOW TO ハタ 基本は東北の磯ロックと同じだが根擦れ対策と根掛かり回避策が鍵

110 あとがきにかえて 彼の地を想う

立ちはだかる難関を克服した先のモンスター狩り

「いかつい顔が何て格好いいんだ。まるで古代魚のようだ!!」

もともと淡水メインでルアーフィッシングを楽しんでいた私が、どっぷりとロックフィッシュにハマり、大ものを追い求めるようになったきっかけは、そんな些細な好奇心からだ。

ソイのふてぶてしいまでの顔つきに魅了された。そして、アイナメのどこか陽気な雰囲気に惚れた。ちょいと出かけた先の堤防でメバルに癒してもらった。ロックフィッシュなのに、なぜか極彩色豊かなグルーパーに心を奪われた。どの魚も筆舌に尽くしがたい魅力を持っていた。

そして多少姿形は変わろうとも、ロックフィッシュは日本中でねらうことができる。さらには他の魚がなかなか釣れなくなる厳寒の冬ですら、私たちを楽しませてくれる。サイズにこだわらなければ手軽で簡単に釣れるので、仕事帰りにちょいと港へ立ち寄って遊んでもらったり。そんな身近なところも魅力のひとつ。

それでいてマニアックな部分を持ち合わせている。シーズナルパターンを構築してモンスターを追い詰めていくブラックバスにも似たゲーム性は、アングラーを熱くさせること請け合いだ。自然を読み切ってアプローチを選択し、ねらい澄ましてモンスターを獲る「繊細」と「豪快」をあわせ持ったスタイル。やり込めばやり込むほど、のめり込めばのめり込むほどに、その奥深さが分かってくる。

ハイプレッシャーな堤防におけるテクニカルなゲームもあれば、手つかずの荒磯をパワーゲームで攻略したり、時にはベイトフィッシュを追いかけて河口に入ってきたロックフィッシュをねらうこともある。ロックフィッシュゲームと一口にいっても、そのステージやスタイルもさまざまなのだ。なぜならロックフィッシュというカテゴリーでくくられてはいるが、どの魚も性格が違えば好む生息環境も異なるからだ。

磯ロックの魅力は大型根魚が釣れるばかりではない。素晴らしいロケーションも外せない。人工建造物のない雄大な磯に身を置いてキャストするだけで、日頃たまったストレスも霧散する。フィールドにたどり着くまでにハードな山越えや藪コギをするけれども、その先にパラダイスが待っていると思えば、そんな苦労はごく小さな問題だ。

簡単だけど難しい。繊細だけど大胆。そして、楽しいけれど時々辛い（笑）。そんなディープなロックフィッシュゲームの世界にいざなおう。

ROCKFISH HUNTER 塩津紀彦が語る磯ロックの魅力

E MONSTER

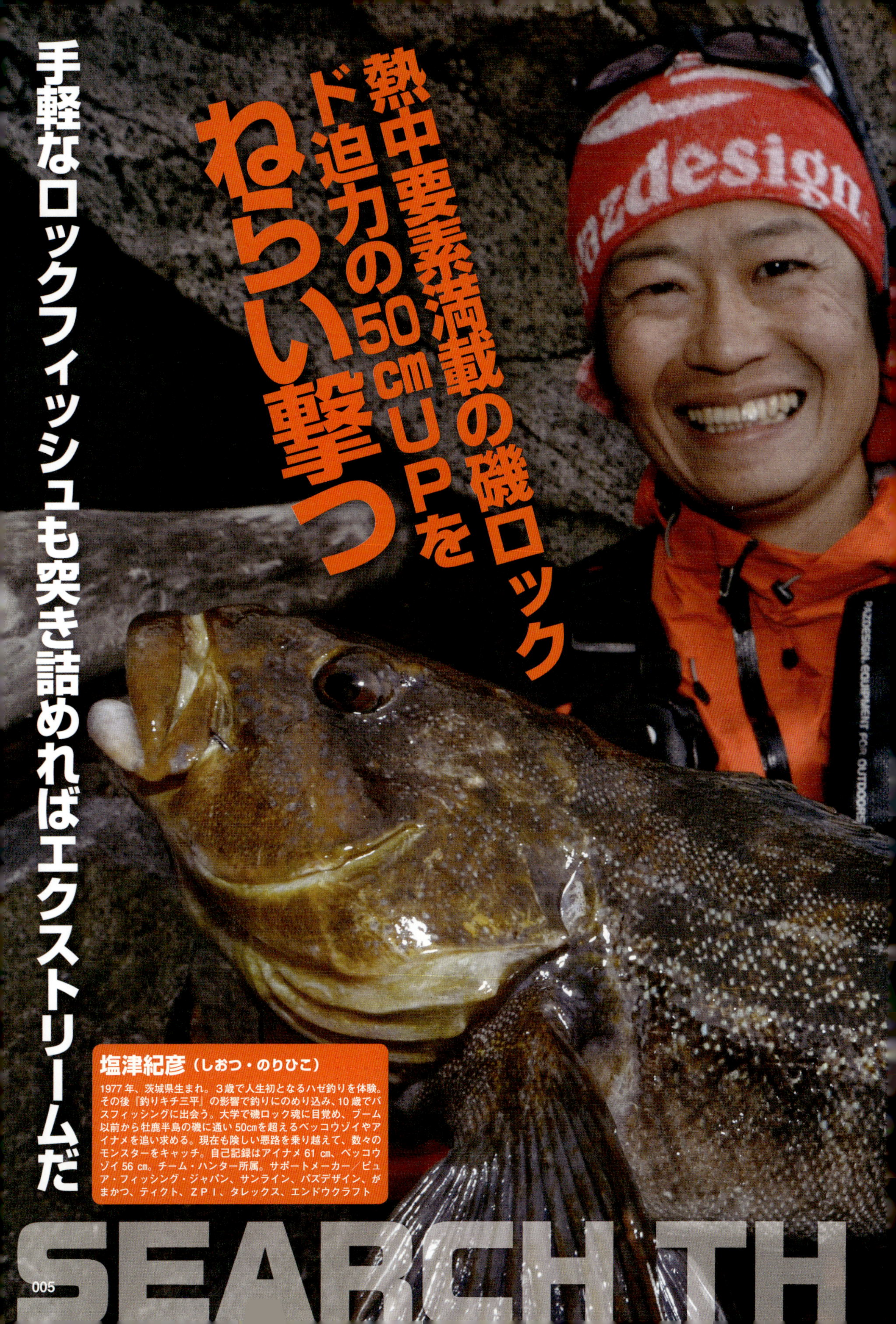

熱中要素満載の磯ロック
ド迫力の50cm UPを
ねらい撃つ

手軽なロックフィッシュも突き詰めればエクストリームだ

塩津紀彦（しおつ・のりひこ）

1977年、茨城県生まれ。3歳で人生初となるハゼ釣りを体験。その後『釣りキチ三平』の影響で釣りにのめり込み、10歳でバスフィッシングに出会う。大学で磯ロック魂に目覚め、ブーム以前から牡鹿半島の磯に通い50cmを超えるベッコウゾイやアイナメを追い求める。現在も険しい悪路を乗り越えて、数々のモンスターをキャッチ。自己記録はアイナメ61cm、ベッコウゾイ56cm。チーム・ハンター所属。サポートメーカー／ピュア・フィッシング・ジャパン、サンライン、パズデザイン、がまかつ、ティクト、ZPI、タレックス、エンドウクラフト

SEARCH TH

DAYLIGHT GAME OF ROCKY AREA

デイゲームの威力 磯ロック概論

磯ロックは自分を限界まで追い込むが、モンスターを釣りたいという気持ちが朝から磯に向かわせる。夕方までの勝負。昼中に 50㎝オーバーが飛び出すから驚きだ。

遠投有利な磯ロックはロングロッドが不可欠。スロトーク幅も取れるので、遠くで食わせてもフッキングに持ち込める。大きな動作による鋭いフッキングが大切

山登りに悪戦苦闘しながらモンスターが潜む磯を目指す

磯ロックは、堤防や小磯で遊ぶ手軽なロックフィッシュゲームの先にある、ちょっとマニアックな世界とでもいおうか。磯に潜む大ものにねらいを絞ったロックフィッシュゲームだ。北海道の岩礁帯や東北太平洋側に見られるリアス式海岸で盛んに行なわれており、北海道〜東北北部ではアイナメやクロソイ、東北中部〜南部ではアイナメやベッコウゾイを主軸に、いずれも50㎝を超える大型根魚をねらう。最近では西日本や北陸でのハタが注目を浴び、全国に広がりを見せようとしている。

岩手の主役はアイナメ。宮城もアイナメがメインだが、ベッコウゾイの人気が非常に高くお宝的な扱いだ。北海道もアイナメが人気である。青森は八戸以南こそ磯ロックが盛んだが、津軽海峡から日本海に抜けると磯ロック人口が減少する。ねらえばムラソイやアイナメ、キジハタが釣れるのだが、場所が絞りづらいためかほとんど手つかず状態だ。そして、青森から日本海に抜けて南下すると、メインターゲットはアイナメからキジハタへと変わる。このように東北でもエリアによって釣れる魚が異なり、人気の度合いもさまざま。やはり入り組んだリアス式海岸のようなフィールドあってこその磯ロックなのであろう。

磯ロックの聖地といえば三陸海岸。青森県八戸市の鮫角から岩手県沿岸を経て

ブリスボーンの魚は貪欲なので釣りやすいがアフターは食いが渋い。同じ釣り場でもキャスト方向を変えるだけで魚が変わることも。どの魚をねらうか考えながら釣りを組み立てる

険しい道なき山を黙々と歩いて海岸線に出る。この行程は磯ロックでは外せない。この苦労があってこそ1尾との出会いに感動がある

磯ロックでは50㎝オーバーのアイナメが日中に食ってくる。なかなか堤防では拝めるサイズではないので、そのインパクトは大きい

三陸海岸の大部分は海岸線が切り立っている。磯に下りる際は、はやる気持ちを抑えてくれぐれも慎重に

宮城県の万石浦まで続く、600㎞にも及ぶ海岸段丘とリアス式の海岸だ。荒波に洗われた花崗岩の切り立った岩場が織り成す絶景フィールドが広がる。こうした素晴らしいロケーションの磯からロックフィッシュをねらうわけだが、切り立っているがゆえにエントリーにはきわめて苦労する。起伏が激しく海岸伝いを移動できないので、山を登ってから再び磯に下りるプロセスを1日に何度も繰り返す。これがなかなか重労働。隣の岬へ移動するのに大回りすることもざら。磯ロックは機動力を生かして広範囲を探る釣りなので、釣り時間の半分は登山をしているようなもの。なぜ、そんな苦労をしてまで磯に向かうのか。答えは簡単。「モンスター」が釣れるからである。

磯ロックは人を選ぶ。車横付けで気軽に楽しめる堤防釣りの対極にある。人の立ち入りを拒むような道なき道をかき分けながら、勾配のきつい斜面を黙々と進む。壁のような斜面が立ちはだかることも珍しくない。往復で数時間を要する場所もある。しかし、困難な道のりの先にこそ、港の堤防では拝めないような、とびっきりの財宝が眠っている。まさにトレジャーハンターの気分だ。

そんな一見すると敷居の高い磯ロックだが、フィールドにかぎらずフィッシングショーなどのイベントで「最近磯ロックを始めました」と話しかけてくれる若いアングラーが増えてきた。着実に磯ロックの魅力が伝播し、認知度が上がっているようでうれしいかぎりだ。

足場の高い岩場で魚を掛けたら水際まで下りられないので、タックルのパワーを生かして一気に抜く。ダイナミックなランディングだが、これが最も確実だ

小型のバイトをスルーして リフト&フォールで大もの獲り

私の磯ロックはデイゲームである。それは日中にエサを求めて活発に動くアイナメやベッコウゾイを主にねらっているからだ。起伏に富んだ岩礁帯フィールドへ9ftはあろうかという専用ベイトロッドを携えて降り立ち、1ozシンカーとバルキーなワームを組み合わせたテキサスリグをキャストする。

最初はピッチングで足元をチェック。サイトで先方の出方をうかがいながら岩の隙間にワームを送り込む。水深1mもあれば充分モンスターは潜んでいる。食わせたら、ためらいなく思い切りフッキング。そのまま一気に抜き上げる。もちろんサイトだからサイズを選んで食わせる。30cm程度の小型が猛烈な勢いで反応する時もあるが、素早くワームをピックアップして食わせない。小型を掛けてしまうと近くに潜む大型に不要なプレッシャーを与えてしまう。水質のクリアなフィールドならではの釣り方だ。

足元をひととおりチェックしたら、続いて軽くキャストしながら扇状に探る。やみくもにキャストするわけではない。フィールドの魚がプリスポーンなのかアフタースポーンの回復中なのか。魚の状態を考えつつターゲットが潜んでいるであろうエリアをねらう。ここぞというエリアを見つけたら、立ち位置を変えたり時間をズラすなどして丁寧にアプローチする。釣りにはメリハリが大切だ。

私のキャスティングスタイルはスピーディーだ。底取りしたらすぐにワームを浮かし、ロッドのレングスを利用した大きなリフト&フォールで探る。それは一般的に皆さんがイメージされているロックフィッシュの釣り方よりもアップテン

手前の穏やかなプールにはアフターが体を休め、岬の先にはプリスポーンのアイナメがエサを求めて活発に動いていた

50cmを超えるまでに育った貴重なアイナメ。昔にくらべて数が減ったとはいえ、磯にはまだまだ夢がある。60cmの大台も夢ではない

DAYLIGHT GAME OF ROCKY AREA

デイゲームの威力 磯ロック概論

サイズを測って写真を撮り終えたら速やかにリリース。三陸海岸も場荒れが進んでいる。資源の枯渇を防ぐためにもむやみなキープは絶対に慎みたい

ポで動かし方も大きい。その誘いは一見すると淡白だが、大型になるほどキビキビした小刻みな動きよりも大きく強い波動が出る動きに反応するようになる。50cmを超えるモンスターにねらいを絞った末にたどり着いたスタイルである。コツコツとボトムを丁寧に叩きながらゆっくり探る。一般的なロックフィッシュの釣り方にくらべてバイトの数は減るものの、明らかに大型が食ってくる割合が増える。小型というノイズを減らすことで大ものとの距離を一気に縮めるのだ。モンスターを獲りたいのであれば小型には目もくれず、少しでも大型の確率がアップする方法を試すことが大切だ。

　バイトの感触はいろいろだ。ワームの端をくわえて頭を振るプルプルしたバイトもあれば、一口で吸い込んでグンっと穂先を押さえ込んで止まるバイトもある。前者はサイズが望めないからスルー。これ以上くわえさせないように軽く引っ張って外す。小さな魚を傷つけない。ムダにフィールドを荒らさない。これまで数多くの魚を釣ってきて分かることも多い。大きく振りかぶって思い切りフッキングするのは、大ものと確信した魚だけ。腰を入れてフッキングすると、ドンっとロッドが止まり、その直後にパワーあふれるモンスターのトルクフルな引きが伝わってくるのだ。

　体力的に厳しい磯ロックだが、一度味わったら間違いなく魅了される。手つかずの磯に降り立った時の感動はもちろん、いかにもモンスター級が出そうなフィールドを前にすれば、これまで経験したこともない高揚感に包まれるはずだ。そして、苦労に見合った以上の結果が返ってくるかもしれない。ぜひ入門して磯ロックのマニアックな世界にハマり込んでいただきたい。その魅力は絶大だ。

リアス式海岸特有のロケーションも磯ロックの魅力である。水質が抜群にクリアで底付近を泳ぐアイナメも丸見えだ

アタリの出方にもいろいろある。ティップにブルブルと伝わってきたりゴンと一発きて穂先を押さえ込んだり。

その中からモンスターの可能性を感じるアタリだけにアワセを入れる

▲プリとアフターが混在するようなポイントでも、ワームのカラーやマテリアル、ニオイなどを理解していれば、きっちり釣り分けることができる

普段は潮当たりのよい場所を好むアイナメと、潮が当たるエリアの少し内側のスリットなどに潜むベッコウゾイ。お互いエリアが異なるので、当日の海況を見ながらエントリーする場所を決めるといい

DAYLIGHT GAME OF ROCKY AREA

デイゲームの威力 磯ロック概論

▼アイナメポイントで顔を出すムラソイ。大きなワームにも果敢に飛びかかる。どこか愛嬌のある顔立ちがたまらなく好きだ

思い切って入れたアワセが肩の位置で止まったら、間違いなく大型だ。パワフルな引きに慌てず腰を落とし、体を使ってアイナメを素早く根から引き離す

だから記憶に残る1尾になる

どことなく人懐っこい顔のアイナメに、
いかつい顔つきのベッコウゾイ。
ねらい澄ましてモンスターを手にした時、
それまでの苦労がすべて報われる。
それは「釣れた」ではなく「釣った」。

磯で50㎝オーバーのアイナメやベッコウゾイを手にしたら、誰だって魅了される。磯ロックは全国的に見れば、まだマイナーなジャンルであるがゆえに、手つかずの場所も無数にある。ぜひ、各地で成果を上げていただきたい

FISHING PORT ロックフィッシュゲーム入門

黄色い婚姻色をまとったオス。テトラ帯でネスト守りを終えると、エサを求めてベイトが通過するミオ筋に移動する

やはりメインは外側の堤防。まずは港の出口をはじめ、全体をながめて潮の動きを観察する。やることは磯と同じだ

常に人が入る堤防だけにちょうど沖から入って来るタイミングでないかぎり、テトラ帯の際であまり大きな魚は望めない。堤防でもロングロッドを駆使した遠投攻略が有効なのだ

何本もの堤防に守られた漁港は人工の入江である。比較的穏やかな湾内に造成されるので環境が安定して魚が過ごしやすい

まずは堤防に対して斜めにキャストしてテトラ際や基礎石周りを探り、徐々に沖へと探っていくのが定石

磯ロックから少々外れるが、
漁港も大きな変化点として魅力的なフィールドである。
湾奥に造成されるので環境は安定し、
特に晩秋から春にかけての期待値は高い。

POTENTIAL OF 堤防で最初の一歩

磯ロックの前に堤防ロックで釣り方の基本を覚える

アイナメやベッコウゾイは絶対に磯でないと大型が釣れないというわけではない。たしかにエントリーが容易な漁港周りは常にアングラーが入るので、50㎝を超えるモンスターを手にできる確率は低いものの、それでも年に相当数の大型があがっている。堤防でも充分にチャンスはあるのだ。

根本的に港は地形変化に富んでいるので、付き場が多くて豊富に根魚をストックしている。時期によっては磯よりも魚影が多くなることだってある。これから磯ロックを始めようと考えているビギナーは、まずは堤防でゲームの感触をつかんでから磯にステップアップする方法もありだ。

堤防の魅力はとにかく体力的な負担が少なく気軽に楽しめる点にある。片道1時間も2時間も藪コギしながら山を歩いた末にヘトヘトになり、集中力を切らした状態で釣るよりは、かえって釣れるかもしれない。サイズを求めなければ1年を通じて漁港で充分楽しめる。もちろん大型が入ってくるタイミングに合わせられれば、堤防でもモンスター級を手にすることができる。

また漁港はポイントが分かりやすい。潮通しのよい堤防の先端や、ゆっくり潮が当たる堤防基部のテトラ帯など、磯にくらべて魚の付き場が明確だ。これを磯に置き換えていけばよい。しかも基本的な構造は、どの漁港もほぼ同じ。港を守

このような港の出入口は深く掘れている。所々に捨石が転がっているはずなので丹念に探ること

ホッグ系ワームを使っているとムシガレイがヒットすることもある。ベイトの豊富な港は、いろいろな魚が集まる

POTENTIAL OF FISHING PORT

堤防で最初の一歩 ロックフィッシュゲーム入門

堤防先端から対岸の堤防に向かってキャストすればミオ筋に届く。港を行き来する魚の多くはミオ筋を通るので、港攻略の本命ポイントだ

るように両側から2本の堤防が伸びており、その間はミオ筋となって深く掘れている。沖向きにはテトラが投入され、内向きには漁船が係留してある。堤防の付け根にはスロープが設けられ、水揚げ場では常夜灯が海面を照らしている。どこの港もこんな感じではないだろうか?

それならば港をランガンする際も、前の漁港で魚が釣れた同条件ポイントを重点的に探っていけば、より効率的にゲームを展開することが可能だ。これも磯ロックの基本である。

のちほど本編で詳しく解説するとして、ポイントの多い漁港においては、やはり潮通し良好な堤防の先端が本命だ。目の前を走るミオ筋は産卵を終えたアイナメが身を休めたり、ベイトの通り道になっていたりと、何かと魚と接点が持てるポイントだからだ。これは根魚にかぎらず、どの魚も同じだと思う。

季節で考えると、冬から春にかけての漁港は魚にとって魅力的な場所のようだ。ほとんどの港は湾の奥まった場所に造成されているので、潮の差し方も緩やかで環境が安定している。そういった場所には甲殻類などのエサも多い。夏は水温が上がりすぎてしまうが、近くに川でも流れ込んでいれば1年を通じてねらいめである。特にエサが極端に減る厳寒期は、常夜灯に寄る小魚やミミイカを捕食するため漁港の中にアイナメが入ってくる。この時期だけは昼行性のアイナメも夜行性になる。太陽が沈んで周囲が暗くなったら、静かに岸壁沿いや明かりの切れ目などを探ってみるといい。

スポーニングシーズンをねらえば堤防でも結果は出せる。迷わず堤防先端に入って産卵のために入ってきたり終えて出て行く魚をねらう

漁港はロックフィッシュゲームの基本を覚えるのに最適だ。
タイミングを合わせれば充実したゲームが楽しめる。
アイナメやソイ、時に思わぬゲストまで。

まさに堤防は魚の拠りどころなのだ！

堤防ロックに慣れたら磯ロックへとステップアップしたい。あからさまに魚が大きくなるばかりか、そのロケーションにシビレることだろう

堤防でも足場の高い場所が多いので、やはりロングロッドが有効だ。９ftあるとテトラ越しの抜き上げも楽に行なえる

堤防の変化点は要チェック。ケーソンの継ぎ目や堤防の曲がり角、テトラの切れ目には必ずワームを入れてみる

夜は気の合う仲間を誘って、和気あいあいと楽しむのも一興。単独エントリーする場合、テトラ帯には入らない

夜のクロソイゲームはベイトの数が結果に大きく影響する。イワシや豆アジが上層に群れていたら連続ヒットも

ベイトをたらふく食べてなおワームに飛びついてくるクロソイは、非常に貪欲な魚だ。40㎝クラスなら充分期待できる

堤防の敷石周りにピッチングを打っていくと、ガツガツとクロソイが食ってくる。磯ロック同様にアタリの出方でサイズを予測し、小型ならスルーして良型のみキャッチする

LET'S ENJOY NIGHTGAME

夜の帳が下りたら堤防へ手軽にロックフィッシュ

仕事帰りに漁港へ立ち寄ってクロソイの入れ食いを満喫

堤防のナイトゲームは磯のデイゲームとはガラリと雰囲気が変わり、これもまた面白い。三陸海岸は漁業が盛んで日中こそ港もにぎわってはいるが、周囲が暗くなる頃には静寂に包まれる。そんな人気のない堤防に入ると、アイナメにかわって夜行性のクロソイが歓迎してくれる。日中でもポツポツと顔を出す魚だが、本番はエサを求めて活発に動き回る夜だ。イワシなどの群れが港に回遊してスイッチが入るとワーム形状に関係なく入れ食いになる。時に50㎝オーバーも出るのだから、ねらわない手はない。ポイントは堤防の基礎部分。ピッチングで入れていけばよく、遠投の必要がないので磯ロック用のヘビータックルじゃなくても楽しめる。

また、ナイトゲームで忘れてはいけない魚がメバルだ。メバルについては語るまでもなく、本気でねらっている人も多いことだろう。尺を釣るなら圧倒的に夜が有利だ。ほかにもハタ系は昼夜を問わずエサを食う。このようにナイトゲームは東北に話を限定しなくても、全国で手軽に楽しめる。仕事帰りに港へ立ち寄って、ちょっと堤防で遊んでみるなんてロックフィッシュならではの楽しみ方だ。

なお、三陸海岸の磯は大変危険なので、くれぐれも夜にエントリーしようなどと考えないように。東北の夜は仕事帰りに堤防で軽く遊ぶ程度でちょうどよい。

塩津紀彦　ロックフィッシュ激釣バイブル

タックル

ロックフィッシュゲームのなかでも、とりわけ大型アイナメやベッコウゾイをキャッチするために特化したジャンル＝磯ロック。ヘビータックルを駆使するスタイルは、すでにライトゲームの範疇にあらず。タックルや装備も相応のセレクトで臨みたい。

タックル 1 最重要な安全装備

アクシデントから身を守るのはあくまでも自分という認識を

**起伏に富んだ磯をランガンする磯ロックは危険がいっぱい。
ロッドやリールよりも先に必ず安全装備を整えるべき。
フローティングベストとスパイクシューズは必須だ！**

私が普段装着している安全装備。磯ではパズデザインのフローティングベスト『SLV-022 ULTIMATE V-2』、堤防ではアブガルシアの自動膨張胴衣『コンパクトセルフインフレータブルジャケット』を装着。シューズはがまかつのスパイクシューズ『GM-4519』を愛用。ソールが交換できるのがうれしい

磯ロックを始めるにあたり、最初に解説したいことは「装備」だ。専用タックルを購入するよりも、まずは身の安全を確保するためのスパイクシューズとフローティングベストを揃えてほしい。

以前にくらべ装着率も上がってきてはいるが、未だに着ていなかったり履いていない人を目にするし、事故もあとを絶たない。足場が濡れて滑りやすい磯場で安全対策もなしにロッドを振っている人は、装備を外したまま危険なフィールドに出てしまったロールプレイングゲームの主人公みたいなものだ。目も当てられない状況に身を置いているにもかかわらず、その危険性を分かっていない。「危ない！」と気づいた時には、すでに遅いのである。この本を読んで磯ロックに入門する方は、磯に潜む危険をしっかり理解し、万全の装備をもって取り組んでいただきたい。もしフィールドで知り合いが未装備のままエントリーしようとしたら、その時はちゃんと着用するように声をかけてほしい。

スパイクシューズに関して注意したいのはピンの消耗。山や岩場を歩き回る磯ロックでは、ピンの減りがとにかく早い。まめにチェックして、減ってきたら交換すること。「擦り減った分だけピンが自分の命を守ってくれたんだ」という感謝の気持ちを込めて、ためらわず交換しよう。ソールが交換できるタイプを購入しておけば経済的だ。

消耗していることに気づかないまま履いていると、ピンが効いているつもりで歩くので、予期せぬタイミングでいきな

Q. 磯ロックを始めるならば何から揃えるべき？

A. まずは不意の転倒や落水から身を守るフローティングベストとスパイクシューズを最優先

パズデザインのフローティングベスト『SLV-022 ULTIMATE V-2』。収納力に富み、磯ロックに必要な小物類をすべてポケット内に携帯できる

がまかつのスパイクシューズ『GM-4519』。横幅があるのでハードな磯でもグラつきが少なく、軽量で疲れにくい

外洋に面した荒磯は危険がいっぱい。転倒や落水時に浮力材がクッションがわりになるフローティングベストを推奨。なお、フローティングベストを着る際は、股ヒモも正しく通すこと。怠ると落水時に自由が利かないので注意したい

堤防では自動膨張式のライフジャケットを腰に巻いている。堤防は疎かになりがちだが、忘れないように装着してほしい

り滑って転倒したり落水してしまう。非常に危険だ。シューズを洗う際に毎回ピンをチェックしてほしい。なお、磯用シューズのソールにはフェルトやフェルトスパイクなどもあるが、雨でぬかるんだ山道や落ち葉が積もったフカフカの斜面ではまったくグリップしないのでソールはスパイク一択だ。

続いてフローティングベスト。フローティングベストは膨張タイプを着用している人が多いと思うが、理想はベストタイプだ。たしかに夏は蒸れるし窮屈だが、転倒した際に浮力材がクッションの役割を果たしてケガを軽減してくれる。万が一海に転げ落ちたところに波で磯に叩きつけられても、ベストタイプなら衝撃を吸収してくれる。膨張タイプだと最悪破裂して浮力が維持できなくなる恐れもある。さらに手動膨張式の場合は転落時に頭を打って気絶したりすると膨らますこともできない。常に最悪のケースを考えて装備は選ぶべきなので、膨張タイプはおすすめできない。

フィールドによってはヘルメットの着用も考えるべきだろう。実際、磯のショアジギングやヒラスズキに傾倒しているアングラーの中には、ヘルメットを着用している方も珍しくない。いずれも海が荒れているほうが釣れる魚なので、波で岩に叩きつけられる危険が高いために着用しているわけで、波が穏やかな場所を選んで釣りをする磯ロックとは性格が異なるが、足場の高い磯場を移動したり、不安定な足場を行き来するのでヘルメットという選択肢は正しい。

タックル 2 磯ロックのベーシック

モンスターと渡り合うためのロングロッドとヘビーテキサス

夢の60㎝オーバーを追い求める私が使うのは、基本的にベイトタックル。強靭なトルクを持ったロングロッドにタフなリールを使用する。モンスターを獲るには、それ相応のパワータックルが必要になるのだ

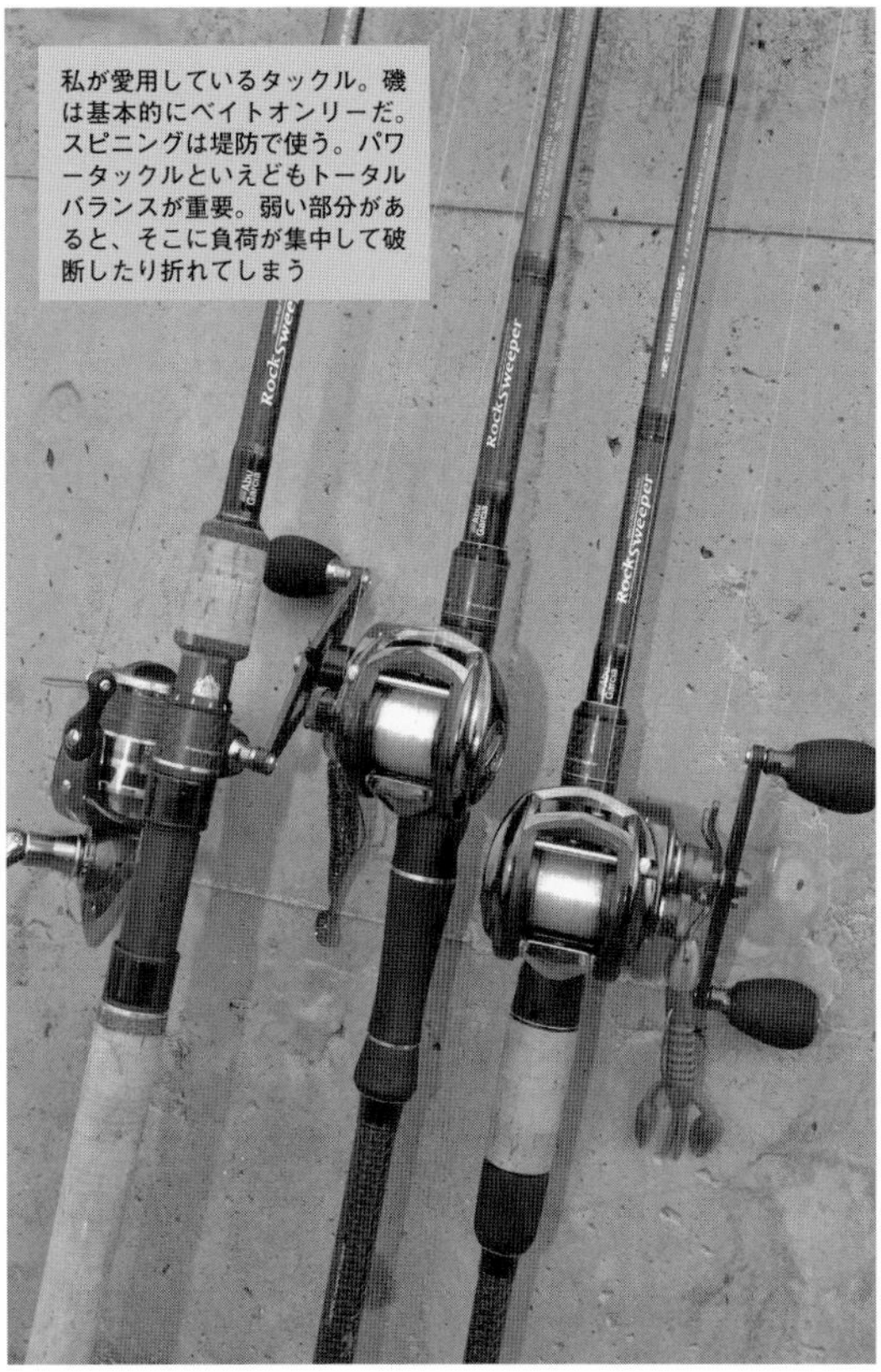

私が愛用しているタックル。磯は基本的にベイトオンリーだ。スピニングは堤防で使う。パワータックルといえどもトータルバランスが重要。弱い部分があると、そこに負荷が集中して破断したり折れてしまう

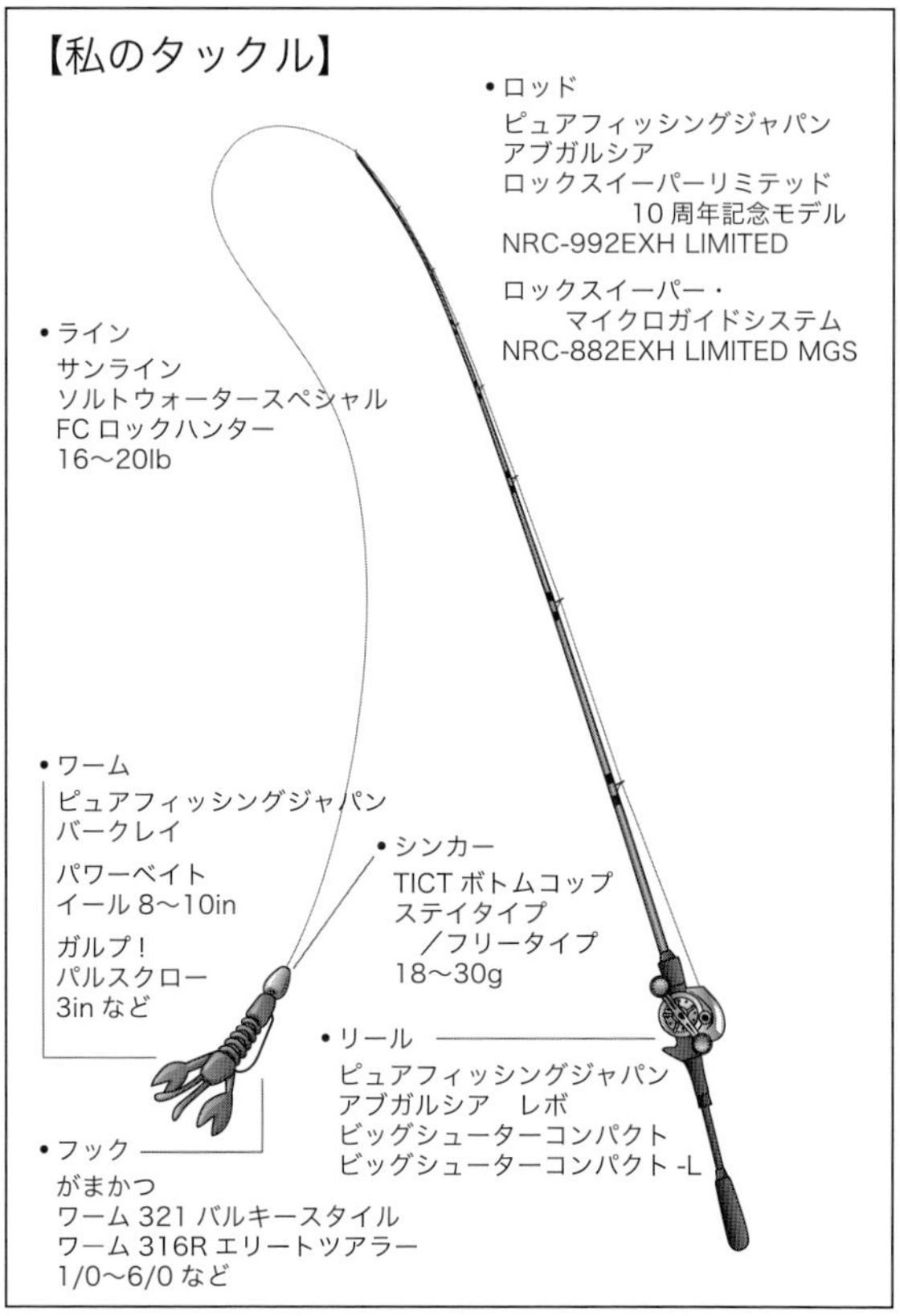

私の磯ロックはベイトタックルを用いるパワースタイルだ。リグはメインシンカー20～30ｇのヘビーテキサス。正直なところ派手な小手先のテクニックなど、ほとんどないのが私のスタイル。ポイントになるブレイクやスリットなどに思い切りキャスト。リフト＆フォールを駆使して探る。そんな愚直な釣りこそが磯ロックであり、男気あふれるストロングスタイルといえよう。とはいっても近年では女性も多く磯にエントリーするようになってきたので、実は誰にでも楽しめる釣りなのである（笑）。

愛用しているベイトロッドは8ft8inと9ft9in。エキストラファーストなロングロッドを愛用している。なぜ、そこまで長いサオが必要なのか。最大の利点は飛距離を稼げること。足場が限られるオカッパリ、特に自由度の低い磯場では、この飛距離というアドバンテージがものすごく大きい。これまで届かないという理由で釣れなかった魚に出会うことができる。

どれだけ他のアングラーに叩かれたフィールドでも、さらにその沖に仕掛けを入れられるなら、それは手つかずと同じだ。終わったフィールドとされる磯で爆発的な釣果を上げることだってある。ルアーを遠くまで飛ばせるということは、それだけで圧倒的に有利なのだ。

さらに遠投した先の根をかわすことができるし、根掛かりも外しやすい。遠投するほどラインに角度がなくなるので、根掛かりしやすく外しにくくなるのだが、そこをロングロッドがフォローしてくれ

Q. 磯ロックを始めるにあたって どんなセッティングが望ましいのか？

A. 大ものねらいの磯ロックとするならば 強度のあるロングロッドが有効

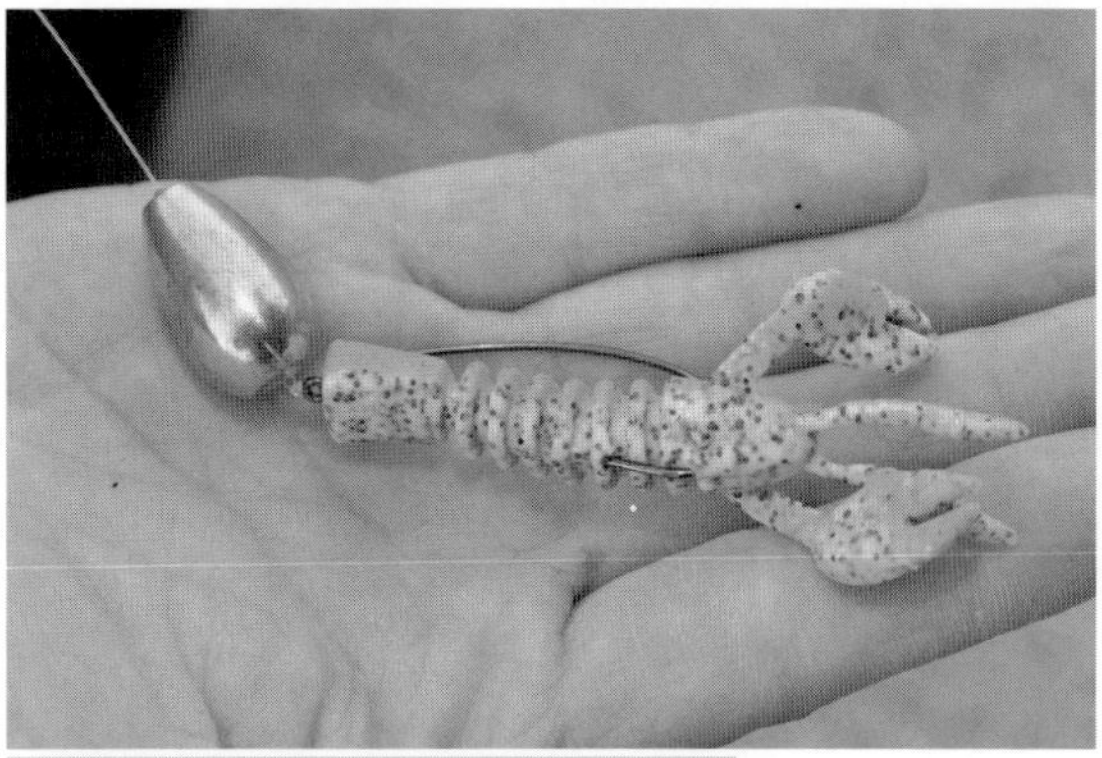

時に30ｇ以上のシンカーを通すヘビーテキサス。東北の磯ロックのベーシックスタイルだ

足場の高い磯場から抜き上げる際もロングロッドが活躍してくれる。ショートロッドでは途中で磯に魚をぶつけてダメージを負わせてしまう

る。たとえば遠いブレイクのエッジにシンカーが引っ掛かった場合もショートロッドでは簡単に外せないが、ロングロッドは軽くシャクるだけでシンカーが弾かれてクリアできる。ただし、この根掛かり回避能力は、ただ長いだけでは実現できない。エキストラファーストテーパーで、穂先まで張りが強いロッドでないと、シンカーを弾くことができない。

リールはロープロファイルのコンパクトなベイトリールだが、深溝スプールとシャフトの長いハンドルを備えるものを使用。太いフロロカーボンを100mは巻きたいので、ラインキャパシティーに余裕のあるモデルが条件。ハンドルは感度とパワーに優れるカーボン製ロングハンドルに交換している。ストラクチャーに入られないため、無骨なまでに全力でラインを巻き取るファイトスタイルなので、利き手がハンドル側になるリールがおすすめ。腰を入れてモンスターと真っ向勝負をするため、逆の腕でロッドを握ったほうがファイトの主導権を握りやすい。ルアーに細かいアクションを加えることよりも、まずはモンスターとの勝負に勝つことを優先したい。

そしてラインは太く、シンカーは重い。ラインは根擦れに耐えうる太さを用いる。最低でも16lbを巻く。時にシンカーは30gを超えるものも使う。遠投するために重いオモリが必要ということもあるが、潮に負けない意味合いが強い。潮が効いているディープなどは、30gでも底取りが難しいほどだ。そんな普通のリグでは到底入れられない場所を攻めるから、モンスターとの遭遇率も上がるというわけだ。ワームはクロー系とビッグワームを好んで使う。多用するビッグワームは10inもあるのでインパクト抜群だ。そんなワームに当たり前のように襲いかかるモンスターをねらう。これが磯ロックの醍醐味のひとつといえるであろう。

強靭ロッドに太いラインが巻けるタフなリールを組み合わせ、ヘビーテキサスを結ぶ。思い切りキャストして、リフト＆フォールで探れば手元にモンスターの衝撃が伝わってくる

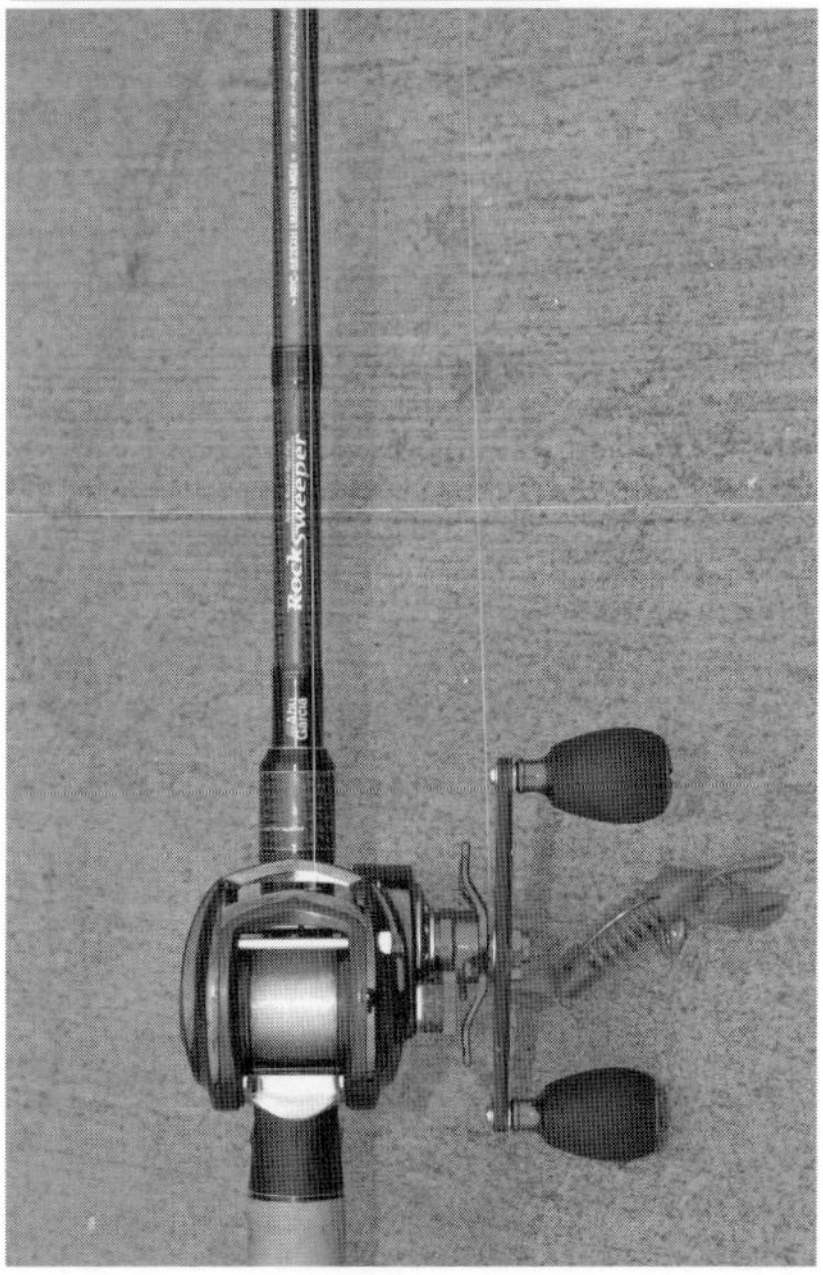

タックル 3 ロッドは遠投性を重視

遥か沖の手つかずエリアを攻略する ロングロッドが必要不可欠

**磯という限られた足場からより多くのポイントをねらうため、
そして、より遠くの魚をねらう必要があるため、
ロッドに求められるのは遠投性能と遠くの魚をフッキングさせるレングスだ**

ロングロッドは慣れるまで取り回しに苦労するが、使い込むほどにそのメリットを痛感するはず。ハイプレッシャーなフィールドでも人より遠くに飛ばせせば別天地になり得る

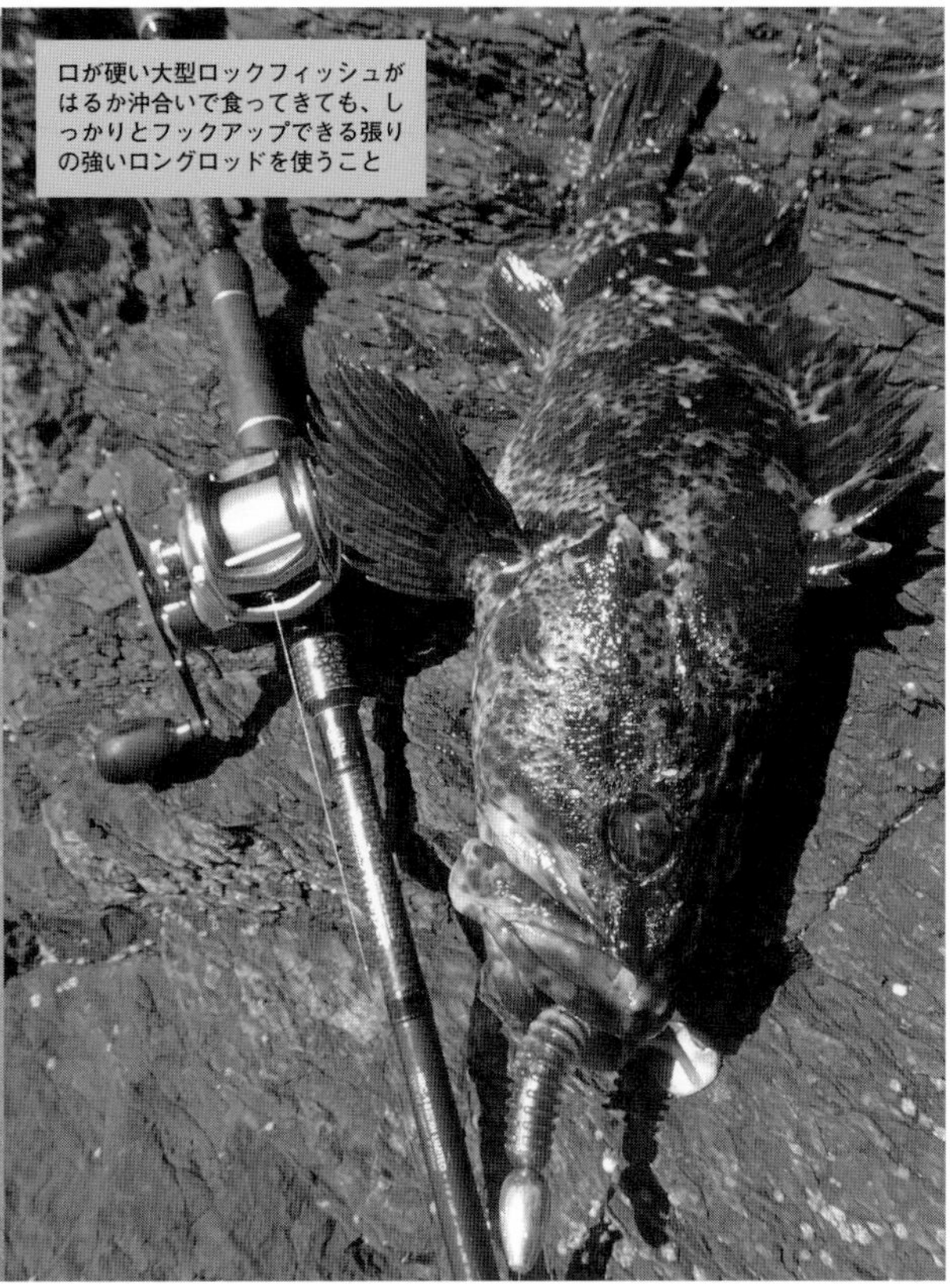

口が硬い大型ロックフィッシュがはるか沖合いで食ってきても、しっかりとフックアップできる張りの強いロングロッドを使うこと

宮城県の仙台に住んでいた頃はブラックバスを釣って楽しんでいた。そして、オフシーズンの冬に何か楽しめる釣ものはないかと目をつけた魚がアイナメやソイ。当時は安易な気持ちでバスタックルでねらっていたわけだが、何度目かの釣行で到底普通のバスロッドでは獲れない大ものがヒットして打ちのめされ、豪快な引きに衝撃を受けた。どうしてもモンスターが釣りたくなってフリッピングロッドを持ち出した。そして、ついに手にしたモンスターを拝むことができ、本誌冒頭の「いかつい顔が何て格好いいんだ‼」のセリフにつながる。

　魚が抜かれる一方の堤防から、人の入っていない磯へと主戦場を移し、パラダイスを求めてフィールド開拓を繰り返した。当時はフリッピングロッドでも獲れない大ものに何度も遭遇して、気がつけばどっぷりと磯ロックにハマッていた。これが私の磯ロックの原点である。今では各メーカーからロックフィッシュ用タックルがリリースされ、私が監修した磯ロック専用のパワーロッドも入手可能だ。情報も多く、入門する環境は整っている。

　フリッピングロッドを使っていた当時、もっと長くて硬いベイトロッドが必要だと感じてピュアフィッシングジャパン『ロックスイーパー』を手がけた。今から11年前。当時のロックフィッシュ用ロッドは長くても7ft6inでフィーリングもバスロッドに近く、かなり軟らかかった。そこに登場した8ftのパワーロッドは、けっこう異質な存在だったよう

Q. 磯ロックに適したロッドとは？

A. 根掛かり回避能力と遠投性能に優れた高硬度ロングロッドがベストマッチ

Rocksweeper Micro Guide System
NRC-882EXH LIMITED MGS

東北の50cmを超えるベッコウゾイとアイナメを獲るために私が5年前に監修した8ft 8inの磯ロック専用ロッド。ショートロッドでは届かない沖にヘビーテキサスを放り込む。ストロークを生かしたリフト＆フォールはモンスターに効果抜群。また、遠くで食った魚の口にフックをしっかり貫通させるフッキング能力もロングロッドならでは。バランスを熟考して仕上げたので長さや自重のわりに持ち重りしない。ティップが入るので、活性が低くて食い込みが浅い場面で威力を発揮する。

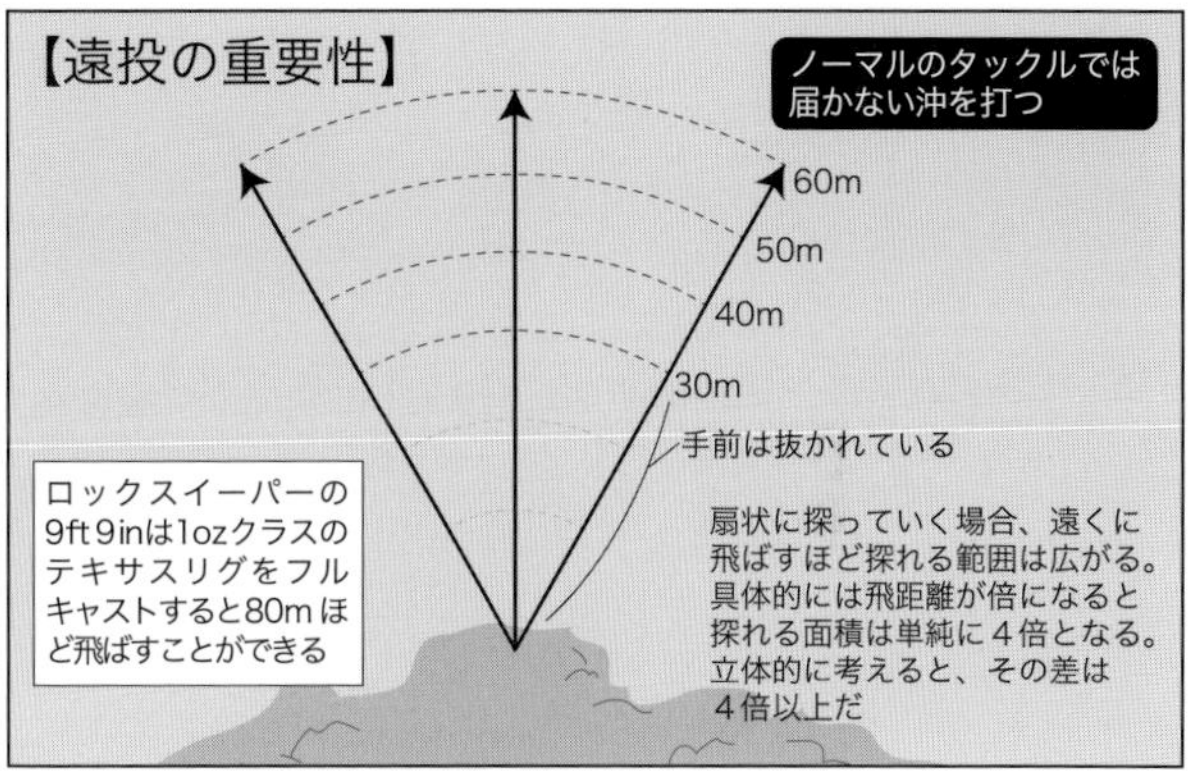
【遠投の重要性】
ノーマルのタックルでは届かない沖を打つ
60m
50m
40m
30m
手前は抜かれている
ロックスイーパーの9ft 9inは1ozクラスのテキサスリグをフルキャストすると80mほど飛ばすことができる
扇状に探っていく場合、遠くに飛ばすほど探れる範囲は広がる。具体的には飛距離が倍になると探れる面積は単純に4倍となる。立体的に考えると、その差は4倍以上だ

Rocksweeper 10th Anniversary Limited
NRC-992EXH LIMITED

私が監修した9ft 9inのアニバーサリーモデル。8ft 8inのロッドから、さらに硬度を15%アップさせたエクストラヘビーロッド。抜群の遠投性と優れた根掛かり回避能力が魅力。ラインメンディングもしやすく、沈み根をクリアしながら魚を寄せなければならない場面で重宝する。岩手に多い足場の高い磯でモンスターを掛けても、長さとパワーを生かして抜き上げられる。3m近いロッドだけに慣れるまでは取り回しに苦労するかもしれないが、磯ロックをやり込むほどに手放せなくなる1本だ。

Rocksweeper 10th Anniversary Limited
NRS-922MH LIMITED

私と同じくピュアフィッシングジャパンでフィールドスタッフを務める戸澤直彦さんが監修した9ft 2inのロングレングス、ミディアムヘビーパワーのスピニングロッド。コンセプトは私のベイトロッドと同じで、ショートロッドでは届かぬポイントに遠投して大型根魚を食わせるというもの。繊細なロッドワークをこなしつつ、一気に根からモンスターを引きずり出すパワーを備える。軽量ジグヘッドからヘビーテキサスまで広範囲にリグをカバーできる点は魅力だ。堤防ロックで愛用している。

で「こんなに長くて硬いサオが必要なのか？」などと言われたものだ。まだ磯ロックが確立していない時代だったので当然の反応だった。

そして認知度が高まり磯ロック人口が増えてくると、手つかずだった磯も場荒れが進んだ。手前の魚が抜かれ、釣り方が徐々に変化した。数年後には8ftでも物足りないという声を聞くようになり、より遠投性とパワーを追求した8ft 8inをリリース。大勢の人が磯に入るようになって、磯ロックは近距離主体から遠投の釣りへと変化した。

そして『ロックスイーパー』の誕生から10年目を迎えた昨年、『ロックスイーパーリミテッド10周年記念モデル』として9ft 9inをリリース。なるべく重量の増加を抑えてバランスを保ちつつ、パワーを持たせたこの限定モデルは、長さを生かした根掛かり回避能力、遠くで掛けた際のフッキング率、容易なラインメンディングなど、現在の磯ロックを楽しむうえで私の考えうるすべてを注いだ一本だ。

振動の伝達能力はロッドが短いほど優れるが、高弾性カーボンを使うことでロングロッドでも小さなバイトを手元に伝えてくれる。ロッドを叩くと分かると思うが、ブランクスが硬いので非常にカン高い音を発する。この高音で響くブランクスは高硬度の証であり、高感度を実現していると考えていただいてよい。根魚のバイトは他の魚にくらべて分かりやすいが、それでも80m先でワームに食らいついた根魚の大きさを推測するには、これぐらいの高感度が必要なのだ。

タックル 4 ベイトリールを選ぶ

頑丈な造りで酷使に耐え得る ハイギア式ベイトリールが好適

**磯ロックは豪快な釣りゆえに何かにつけてタックルに負担が生じる。
軟弱なベイトリールでは、すぐに悲鳴を上げてしまう。
充分なラインキャパシティーを備えつつ、頑丈でコンパクトなモデルがマッチする**

私が東北の磯で信頼を置く『Revo BIG SHOOTER COMPACT』。右巻き、左巻き、いずれのリールも同じぐらいの頻度で使う。主に食いが渋くて繊細に誘いを入れないと口を使わない日はレフトハンドル。フルキャストを多用して手早くリフト＆フォールで探る時にはライトハンドルを使う。なお、ハンドルはZPIのカーボンハンドルに交換

最近のベイトリールは高性能なうえに小型軽量なモデルが多い。しかし、磯ロックに使うことを考えると各パーツが弱かったり、ラインキャパシティーを犠牲にしていたりと問題点も多い。

まずはスプール。回転性能については単純にスムーズであるほどよく飛ばせるわけだが、正面から風を受けながらキャストを強いられる場面も多い。バックラッシュを起こす前にブレーキが働くリールが理想だ。スプールはキャストの瞬間から一気に加速して高速回転するが、ルアーが失速してもなお高速回転を続けるようだとバックラッシュしやすい。ルアーの減速に合わせてスムーズに回転が穏やかになるスプールが望ましい。そしてロングロッドを駆使してフルキャストするので、ラインキャパシティーは20lbが100m巻けるぐらいほしい。

続いてボディーの剛性感。ヘビーテキサスのキャストはもちろん強引に根から魚を引きずり出したり、避けられない根掛かりなど、リールに高負荷がかかった時にボディーがたわむようでは使えない。剛性感のあるしっかりした造りが望ましい。内部のギアも頑丈であること。思い切り遠投したり深場のボトムまで沈めたりと、80m以上ラインを出すような局面も珍しくないのでハイギアモデルをおすすめする。特にミスキャストやフッキングミスなど、急いでリグを回収したい際にハイギアがもたらす恩恵は大きい。

愛用するピュアフィッシングジャパン『Revo BIG SHOOTER COMPACT』は、ギア比8対1のハイギアモデルだ。

Q. ベイトリールを選ぶ際に重要視すべき点は？

A. 余裕あるラインキャパシティーとハイギア。この2点は絶対条件だ！

一気に根からアイナメやベッコウゾイを引き離すにはハイギアが有効。ハイギアは巻き上げパワーでノーマルギアに劣るが、大型ハンドルを使うことで充分にフォローできる

コンパクトなボディーに大型スプールを組み込んだロープロファイルのハイギアベイトリール。大きなギアボックスには、頑丈な真鍮製の大口径ギアが収まっている。ギア比は8：1。自重は２３９ｇ。ボディーの大きさから決して軽い部類には入らないが、それは肉厚に造ってあることの証といえる

たしかに自重はリール選びの重要項目だが、磯ロックでは酷使することを踏まえて選びたい。太いラインや硬いロッドを使うと力の逃げ場が少ないので、当然ながらリールにも高い負荷が加わる。そんな厳しい条件を克服する頑丈なベイトリールが磯ロックには必要なのだ

Revo BIG SHOOTER COMPACT

ハンドル1回転で83㎝のラインを回収する。名前のとおりコンパクトに仕上がっているが、パワーゲームを意識した造りになっているので、高負荷が加わる磯ロックにおすすめだ。実釣で耐久テストに携わったが、満足いくできばえだった。

逆にピッチングでポイントに入れていくような近距離戦に終始するフィールドならば、パワーで勝るローギアが有効だ。といっても磯際やテトラに付いている大型ソイをねらうような、特殊な場面でしか使わない。あくまでも普段のゲームではハイギアが主役だ。

以上、磯ロックの使用に適したロッドとリールを解説したが、一般的なロックフィッシュゲームのタックルとは大きく異なる。7ftクラスのミディアムヘビーなベイトロッドに12〜16lbのフロロカーボンラインを巻いたベイトリールの組み合わせがオーソドックスだとすれば、やはり磯ロックは型ねらいに特化したセッティングといえる。

タックル 5 理想のラインは低伸度かつ軟らかいフロロ

フロロの感度としなやかさが釣果を大きく左右する

**遠投を多用する磯ロックでは感度が重要。
ラインはフロロカーボンが定石だが寒冷地では硬くなる。
遠投性と伝達率の微妙な関係を考える**

遥か沖から伝わる大型特有のバイトだけを的確にフッキング。ラインの強度にモノをいわせ、一気に根から引き離してモンスターをキャッチする。細いラインは遠投性に優れるが、当然弱くなるので16lbを下限としたい

常に障害物に擦りながらの釣りなので、ラインは根擦れに強いフロロカーボンを使う。根擦れに弱いPEラインはキャストやトレースコースが限られてしまうので磯ロックではあまり使わない。

私は極寒の東北や北海道の磯ロックで威力を発揮する、しなやかながらも耐摩耗性に優れるタフネスフロロカーボン『ソルトウォータースペシャルFCロックハンター』を愛用。号数はロクマルを視野に入れて16～20lb（4～5号）。なお、フロロカーボンラインは硬質ゆえの高感度が魅力だが、寒冷地の冬に使うと硬くなりすぎてゴワつくという欠点がある。特に磯ロックでは太いラインを使うだけに、このゴワつきが釣りを妨げる。ある程度しなやかなラインを選択することが大切だ。

しなやかさを優先することで多少感度を犠牲にしてしまうが、リールになじむラインを使うことで飛距離を落とさず、バックラッシュなどのトラブルも軽減する。ただし、のちほど解説するが、バイトの出方からサイズを推測して合わせるか否かを判断するので、ラインの感度は非常に重要だ。しなやかさをうたったフロロカーボンラインの中から、なるべく伸び率の低いラインを選んでほしい。愛用する『FCロックハンター』は20lbでもスプールなじみがよいので使いやすい。ちなみに私がメインに使っているのは18lb。少しでも沖をねらいたいフィールドでは16lb。磯の近距離戦で大型のベッコウゾイやハタをねらう時は20lbを使う。18lbは、しなやかさと感度がちょう

Q. 遠投するならもっと細いラインを使うべきでは？

A. 根が荒く凹凸の多いフィールドなので、強度を16lbより落とすのはNG

低伸度のフロロカーボンラインでありながら、しなやかさを備えたサンライン『ソルトウォータースペシャルＦＣロックハンター』。厳寒期のフィールドでもゴワつかないので使いやすい

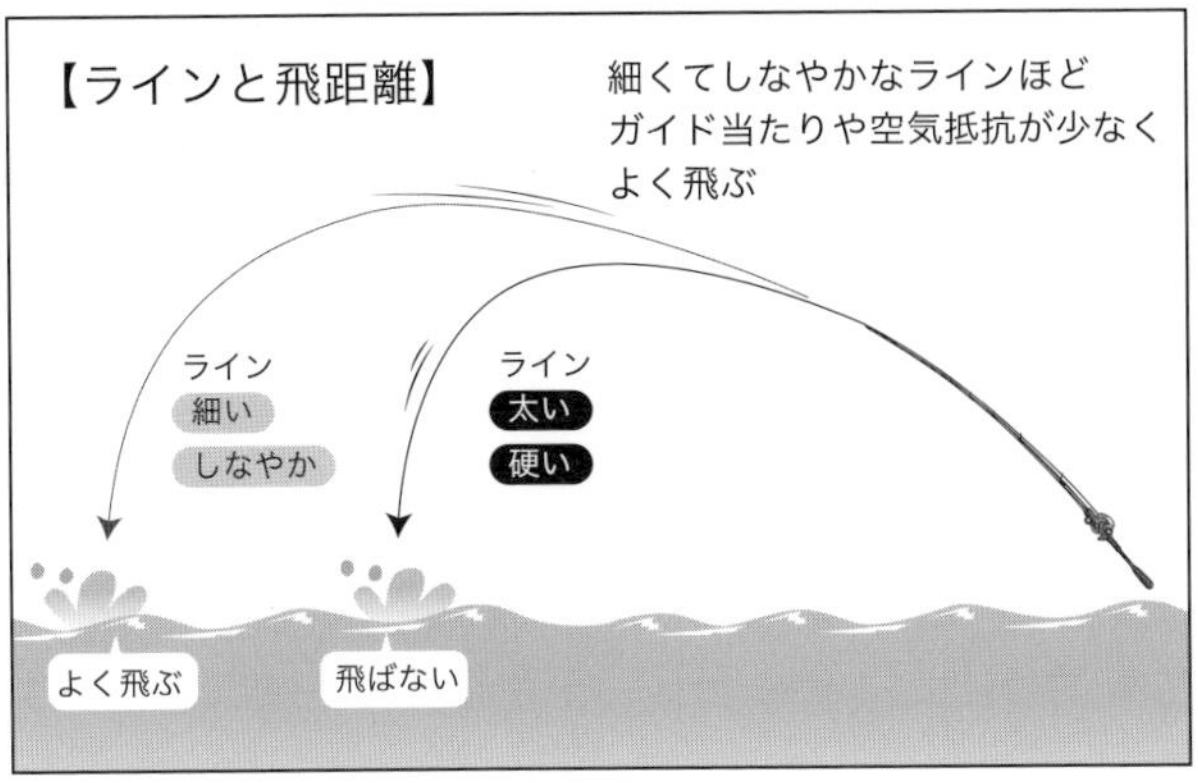

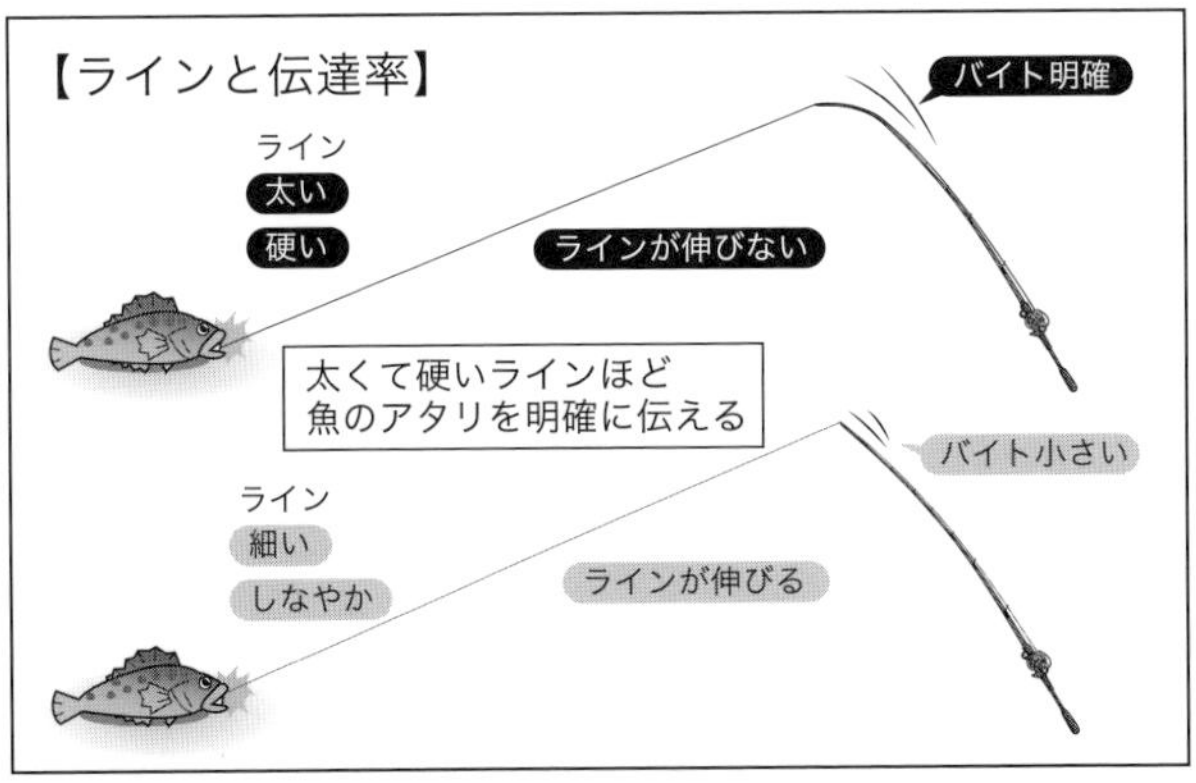

磯ロックは遠投の釣り。他のアングラーが届かないエリアにワームを放り込むためにも、ロングロッドとしなやかなラインの組み合わせが重要

どよいバランスだと感じる。

ラインは細いほど遠投力が増し、風や潮の影響を受けずにさばきやすくなる。その一方で硬度が下がって全体にイト伸びするから伝達率が落ちる。つまり、バイトが小さくなる。逆に太くなるほどラインが伸びなくなるので感度がアップする。ただし数々の抵抗を受けるので遠投が難しくなり、水中のトレースコースも潮を受けて潮下へ大きくふくらむ。このあたりのサジ加減が磯ロックの勘どころでもある。結果を大きく左右するので、当日の状況にマッチしたラインを使ってほしい。

タックル 6 シンカーは感度が命

バレット型と涙滴型シンカーはブラス素材の12～30gを常用

**根掛かり回避能力に長けたバレットシンカーと涙滴型シンカー。
磯ロックの基本は底取り。確実にボトムを感じ取れる重さをチョイス。
遠投した沖で底を取るのは思った以上に難しいので、まずは重めから**

海況次第で30g近いシンカーを用いるヘビーテキサス。ロングロッドを駆使して遠投した遥か沖合いでワームをイメージどおりに操作するには、どうしても重いシンカーが必要だ

磯ロックは基本的にテキサスリグの釣り。だからシンカーは海藻や岩のスリ抜けを得意とするバレット型と涙滴型を使っている。シンカーの素材といえばタングステンやブラス、鉛が挙げられるが、私はブラスを愛用している。硬度や比重で考えればタングステンが勝るものの、高価ゆえに根掛かりによるロストが避けられないハードロックゲームではいささか使いづらいところだ。

鉛は比重こそ高いものの硬度が低い点が致命的。感度が鈍くて根掛かり回避能力に劣る。根掛かりはフックが引っ掛かるのではなく、実際にはシンカーが岩の隙間に引っ掛かるケースが多い。根掛かりを回避するには、隙間にハマり込む前に障害物をクリアしなければならないのだが、感度に劣ると察知が遅れてしまう。さらに素材が軟らかいので弾かれることなくガッチリと食い込んでしまうのだ。これに対して高硬度のブラスは食い込まずに弾きやすい。加えて高硬度＝高感度。ボトムコンタクト系の釣りにおいて、感度は絶対的に必要なのだ。

普段の磯ロックで使っているのは、私が監修したブラスシンカー『ボトムコップ』（ティクト）の12～30g。六角型のステイタイプと涙滴型のフリータイプを魚の活性やフィールドのロケーション、釣り方に応じて使い分けている。いずれもセンターにパイプを通してあるのでラインへの傷付きを軽減でき、優れたイト滑りが自慢だ。ヘビーアクションのロングロッドと組み合わせることで、優れた根掛かり回避能力を発揮する。また、堤

Q. 30gという重いシンカーを実際に使うのか？

A. 頻繁に使う。沖合いは水深もあって潮も動いている。軽いシンカーでは底取りもボヤけて釣りにならない

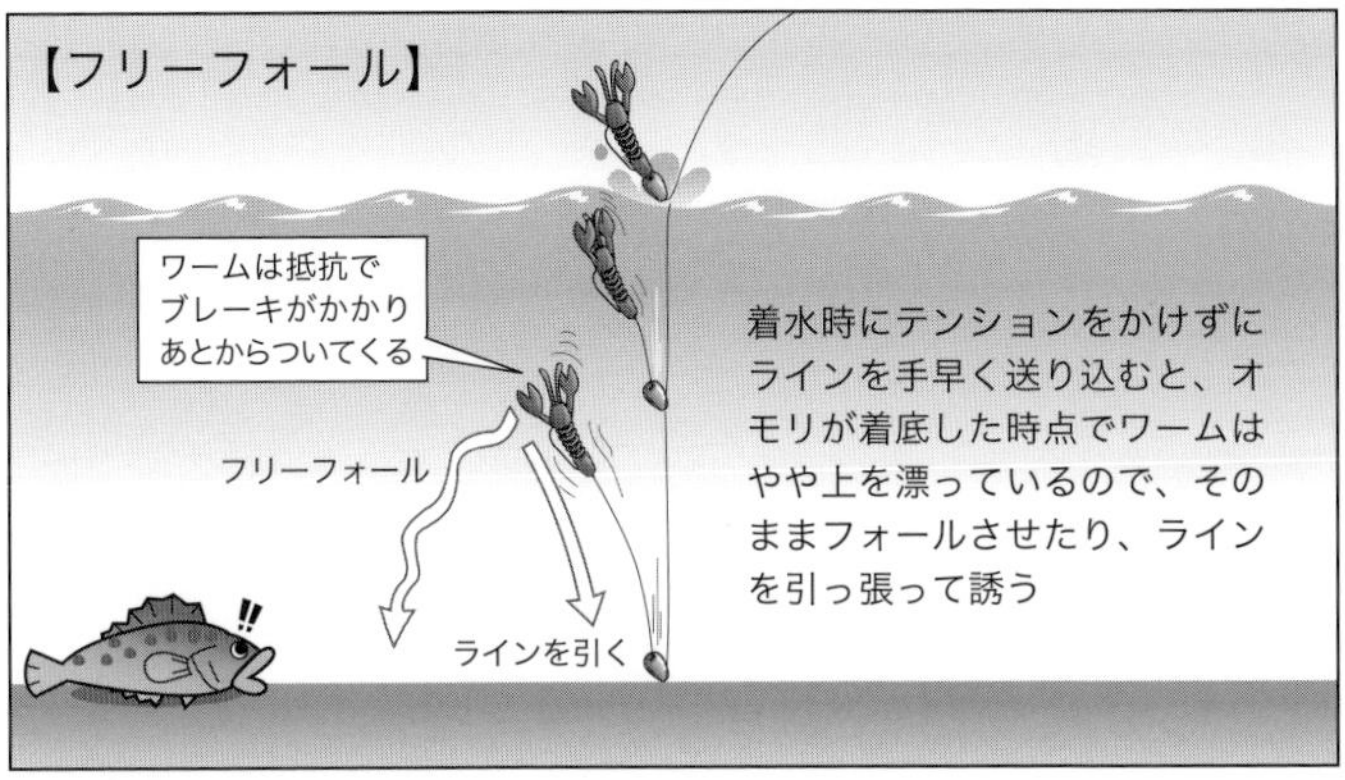

【フリーフォール】
ワームは抵抗で
ブレーキがかかり
あとからついてくる
フリーフォール
ラインを引く
着水時にテンションをかけずに
ラインを手早く送り込むと、オ
モリが着底した時点でワームは
やや上を漂っているので、その
ままフォールさせたり、ライン
を引っ張って誘う

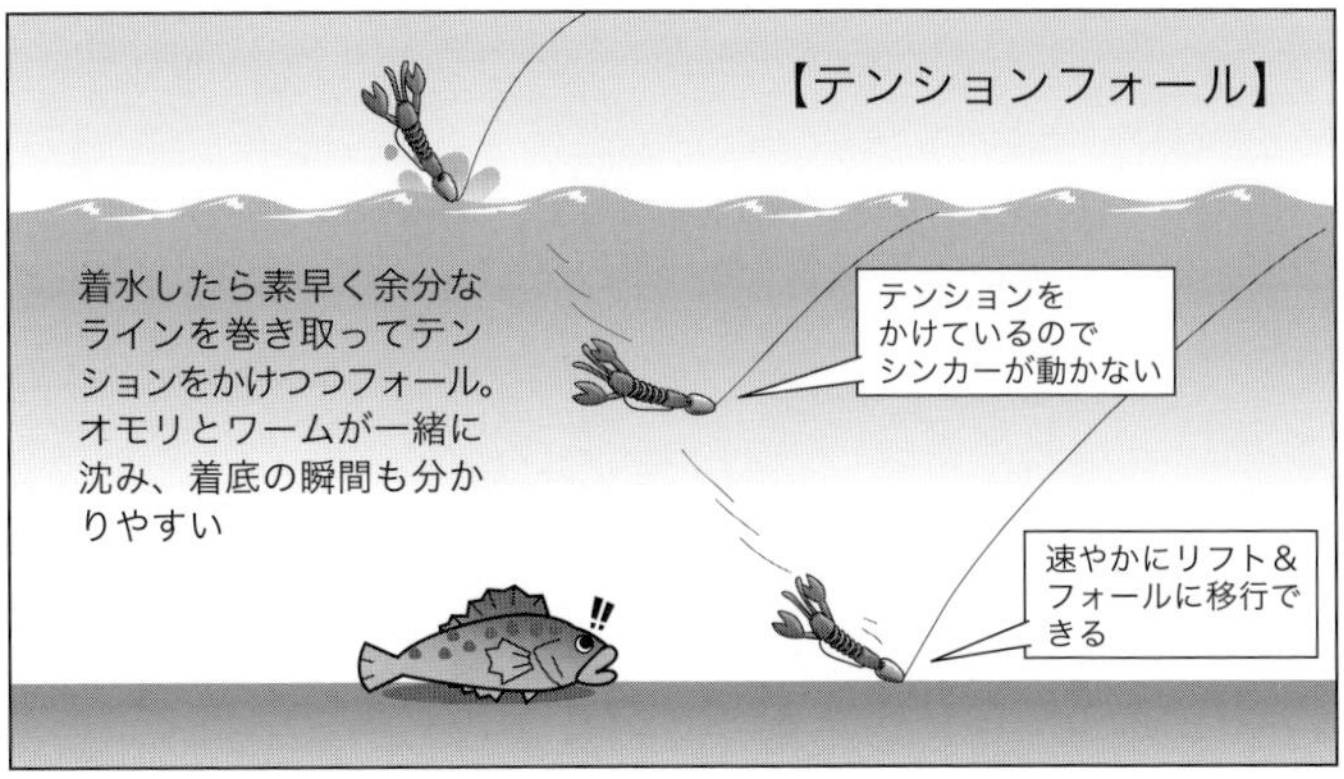

【テンションフォール】
着水したら素早く余分な
ラインを巻き取ってテン
ションをかけつつフォール。
オモリとワームが一緒に
沈み、着底の瞬間も分か
りやすい
テンションを
かけているので
シンカーが動かない
速やかにリフト＆
フォールに移行で
きる

HARD ROCK
BOTTOM COP
ステイタイプ
徳用
フリータイプ

ブラスシンカー『ボトムコップ』のステイ(上)とフリー。いずれの形状もスリ抜け能力に優れ、たとえ根に引っ掛かっても硬いので、ロングロッドをあおると弾かれるように外れやすい。ステイは六角に面取りしてあるので、リグを転がしたくない時に使う。フリーは汎用性に優れる

防からスピニングタックルでアイナメやクロソイをねらう時のため、3～11gの『ボトムコップライト』もベストのポケットにしのばせている。

どのシンカーもセットする際はストッパーなどは使わずフリーでセットする。滑らかな涙滴型のフリータイプはオールマイティーに使える。六角形に面取りしたステイタイプは、根魚の活性が低くてシンカーを転がさずにワームをその場にステイさせたい時に使う。フラッシング効果もあるので、ベイトフィッシュが近くに群れている場合に使うと予想外の効果が得られることも。

使い方は工夫次第でいろいろ。たとえばキャストから着水したところでフリーでラインを送ればシンカーが先行して沈むので、着底してからワームを中層からナチュラルにフォールさせられる。また、岩の上からシンカーを先に転がして根の際に落としてから、ゆっくりラインを引いてポイントにワームを誘導するなど、攻め方に幅を持たせられる。

シンカーの重さについては、自分が底を感知できる範囲内で最も軽いオモリをセットする。ビギナーもなるべく軽いオモリを使うことで根掛かりを抑えられる。たとえ最初は重くても、釣りに慣れれば徐々に軽いシンカーを使えるようになる。水深が10mを超えるような深場で潮が飛んでいたら、ビギナーでなくても軽いオモリでボトムを感知するのは難しい。磯ロックは底が取れないと釣りが成立しない。確実に底取りできる重さにすることが大切だ。

タックル 7 シンカーやフックの形状

シンカー形状は底質を考えて選び フックはワームの太さに合わせる

**バレット型や涙滴型以外にも磯ロックには多彩な形状のシンカーを使う。
あらゆるワームを使うので、フックも持参すべき種類は多い。
いずれもシチュエーションに対応できるだけ取り揃えておくこと**

【塩津さん愛用フック】

エリートツアラー ワーム34R／ストレートやロングカーリーといった細身のワームに好適。タフな状況下において多発するショートバイトに威力を発揮する

エリートツアラー ワーム316R／掛けやすさとバラしにくさを両立したフック。フッキング時のワームのズレ方にこだわり、フックアップを妨げない形状を採用

魚に近い部分は釣果に大きく影響を及ぼす。シンカーとフックは特に重要なパーツだ。シンカーは釣り場と合っていなければ根掛かり続出。フックもワームとのバランスがマッチしていないとフッキングミスが多くなる

シンカーの形状はさまざま。先に解説したバレット型と涙滴型の他にナツメ型や玉型、ナス型が磯ロックに用いられる。

バレット型は海藻が繁茂するエリアやテトラ帯、敷石でのスリ抜けを得意とするシンカーだ。ある程度の隙間があるような岩礁帯では抜群の回避能力を誇るが、ザクザクに切り立っていたり線状に亀裂が入っている岩には不向き。『ボトムコップ』のステイタイプのように面取りしてあると不用意に転がらないので、ある程度は根掛かりを軽減できる。

ナツメ型はバレット型と同じようなエリアでスリ抜けを得意とするが、ゴロタ場や岩場では転がり落ちてロックしてしまう。地形対応力はバレット型とほぼ同じなので好みで選べばよい。

玉型は操作が難しいうえにスリ抜けを苦手とし、穴の中に転がりやすく、すぐに引っ掛かってしまう。ウネリや潮の流れに押されて転がってしまうので、傾斜のキツい岩礁での使用には向いていない。狭い間隔で線状に亀裂が入っている岩やザクザクに切り立つ岩礁においては、丸いボディーが幸いして挟まりにくい。

涙滴型はバレット型と玉型のよいところを足して2で割った性質のシンカーだ。オールマイティーに使えるが、他のオモリが威力を発揮するシチュエーションでは、それらのオモリより根掛かりやすい。あまりにも根掛かる時は他のオモリに交換してみるとよい。

ナス型オモリはシンカーが下にくるダウンショットやフリリグに使われる。海藻地帯や岩礁のスリ抜けは上々だが、ゴ

Q. ボディーの太いワームを使いたい時に大きめのナローゲイブフックでは問題か

A. 装甲のように硬い顎を貫通させ、しっかりホールドさせるためにもワイドゲイブが必要

【ワームの太さとフックのゲイブ】

掛かりが悪い

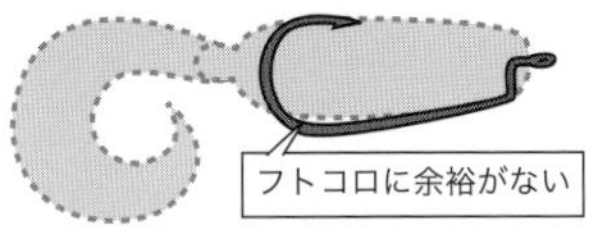

太いワームにゲイブの狭いフックを合わせると、フッキング時にワームがズレにくいのでフックアップしない可能性が高まる

充分掛かる

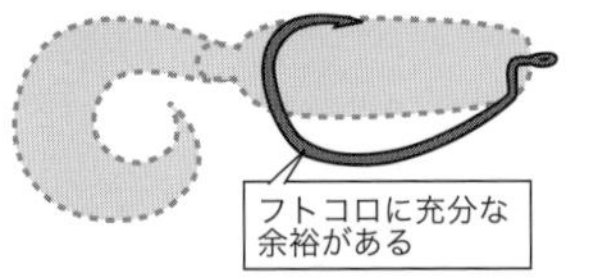

太いワームにはワイドゲイブ、細身のワームにはナローゲイブといった方法で使用する。ワームに合わせてフックを選ぶ

TGWワーム322スリムスタイル／細身のワームに適したフック。スピニングタックルの釣りにマッチする

ワーム316／ゲイブ幅を持たせたヘビーワイヤー仕様のビッグワーム対応フック。至近距離で一気に勝負をかけるパワーファイトに対応。バルキーなワームに装着しても高いフッキング率を実現するエキストラワイドゲイブ

TGWワーム321バルキースタイル／ホッグタイプのワームにマッチするワイドゲイブフック。ベイトタックルにマッチするミディアムヘビーワイヤー規格

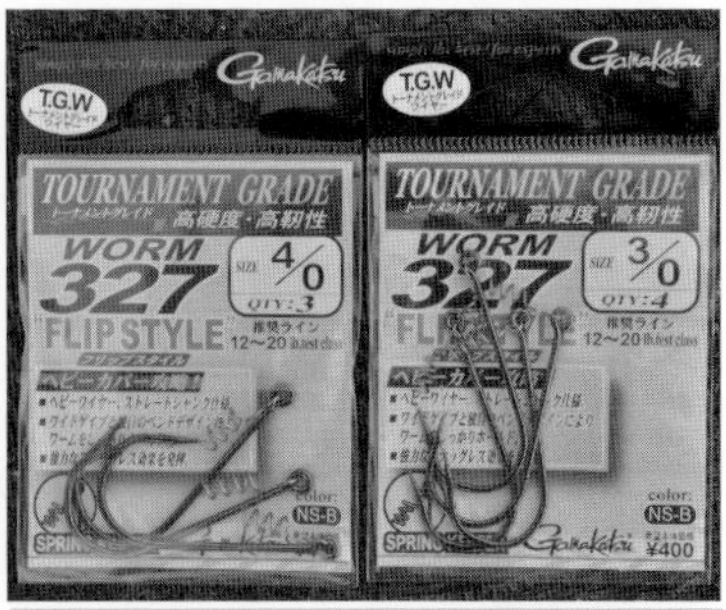

ワーム327フリップスタイル／コイル型ワームキーパーが付いたヘビーワイヤーストレートフック。ワームヘッド部のズレを抑えるコイル型ワームキーパーを採用することで高いフッキング率を実現

ロタや隙間の多い岩場ではオモリが挟まりやすく、ガッチリとロックしやすい。ナス型オモリは砂地や泥地、海藻エリアでの釣りに適している。

以上を踏まえ、釣り場のボトムで最も根掛かり回避能力に長けたシンカーを使ってほしい。

そしてフック。私は形状の異なる数種類のワームフックを号数を揃えて持参し、使うワームの太さに応じてゲイブ（軸とハリ先の間の長さ）を合わせるように使い分けている。磯ロックではホッグ系やストレート系など、さまざまなシルエットのワームを使う。どのワームも同じワームフックでとおしている人が多いようだが、ボディーに対してフックがマッチしていないと明らかにフッキング率が落ちるので気をつけたい。

たとえばファットなボディーにナローゲイブ（幅が狭いタイプ）のフックをセットすると、フッキングする際にワームがズレる幅がないのでポイントが大きく出ず、スッポ抜ける割合が増える。逆に平べったいボディーにワイドゲイブ（幅が広いタイプ）のフックを使うと、フックの幅が広すぎて、捕食のジャマになる可能性が出てくる。ワームとの相性を考えながらリグることが大切だ。

また、磯ロックは常に岩や石にぶつかったり引っ掛かるので、ちょっと無理をするだけでフックポイントがつぶれてしまう。傷ついたラインをまめに結び直すのと同様、こまめにフックを交換すること。遠投して食わせる場合は、ハリ先の鋭さが大きく影響するのでケチらないことだ。

タックル 8 磯ロックの常用ワーム

ワームはホッグ系が定番！ 10inのビッグワームも活躍

磯ロックはテキサスリグの釣り。使うワームもボトムを意識したホッグ系が多い。ボディー形状が多彩で生み出す波動もまちまち。どれを使うか悩むところだ。どデカいベッコウゾイにはウナギのように長いビッグワームも効果的だ

さまざまな形状のワーム。それぞれが異なる波動で魚を誘う。ストレート、カーリーテール、シャッドテールなどの各ワームも、そのテールやボディーのリブから波動を生み、思っている以上に激しくアピールする。ちなみに大ものねらいにはナチュラル系のアピールが効く

磯ロックはワームの違いで釣果に雲泥の差がつく。私は小さいもので3in、大きいものでは10inまで使う。マッチ・ザ・ベイトを基本として、甲殻類をイミテートしたホッグ系と小魚を模したベイトフィッシュ系をメインに置き、時期や魚の活性に合わせて使い分けている。

ホッグ系は小さいながらもボリュームがあるのでアピール度は高い。ボディーに水が絡むリブが施されていたり、脚や腕が付いているので小さなロッドワークで大きくアクションし、全体に発する波動は大きい。そしてフィッシュライクなストレートワーム。大きな波動を出す他のワームと異なり、水を押すようにヌルヌル動くので波動も異なる。派手に動いて大きな波動で誘うタイプは魚の活性が高い時、水を押す程度の静かな波動を出すワームは魚の活性が低い場合に有効だ。

いずれもテキサスリグで使用。レイアウトはいたってシンプルで、シンカーとフックのあいだにビーズは入れない。ビーズやラトルはカチャカチャと水中で音を出して魚にワームをアピールするが、不用意にパーツを組み込んでラインを傷つけるなどのリスクを背負いたくないからだ。死角の多い岩礁帯で生活する根魚は、水の振動に対して非常に敏感である。わずかな水の揺れを側線でキャッチしてエサに近づき視覚でとらえて捕食する。わざわざビーズで音を出さなくても充分ワームを捕捉してくれるのだ。

ちなみに50㎝未満の中小型ならばビーズに好反応を示すこともある。ただしスレるのも早い。時合を少しでも長引かせ

Q. 大ものねらいに特化したワームは存在するのか？

A. 状況次第ながらナチュラルアクションで水を強く押せるワームが有効

【私の常用ワーム】

PowerBait SW Bubble Creature 3.6inch

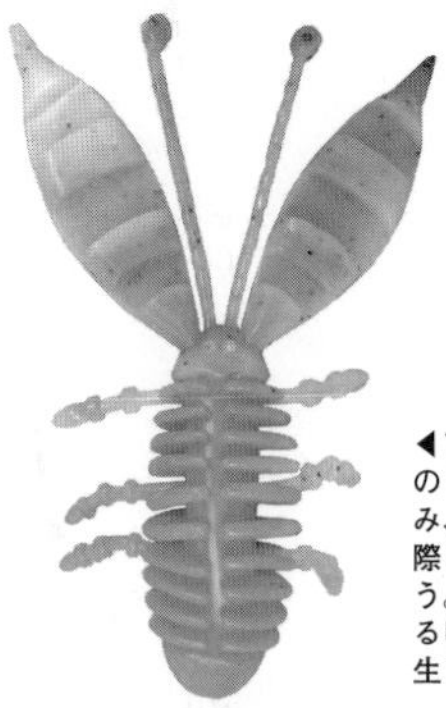

◀ファットボディーのリブが気泡を含み、リトリーブする際に弾けながら誘う。ボリュームのあるビッグアームから生じる波動も大きい

PowerBait SW Power Hawg 3inch & 4inch

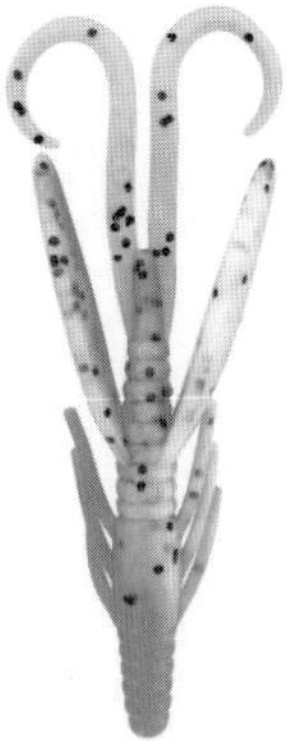

▶あらゆるリグに対応するホッグ系の定番。ボリュームを持たせたバルキーホッグやガルプのラインナップも揃っている

Gulp! SW Pulseworm 4inch

◀繊細なテールアクションでハイプレッシャー時や低活性時に効果的なリングワーム。パルスクローと同じくニオイとナチュラルな波動で魚を誘う。使いやすい逸品だ

Gulp! SW PulseCraw 3inch

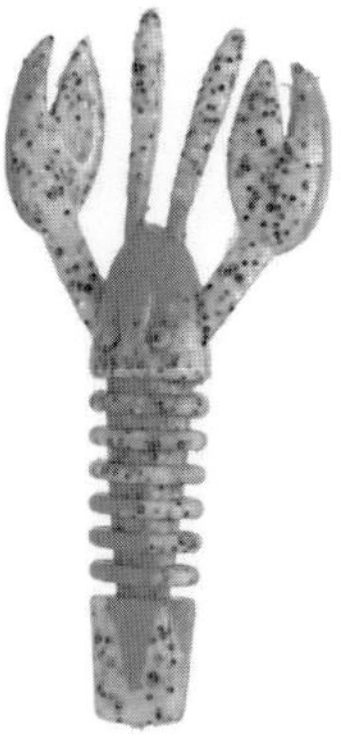

▶拡散性に優れたニオイとナチュラルな波動で活性の下がったモンスターに口を使わせる。私が最も信頼を置くワームの筆頭。大きなストロークのリフト＆フォールで探る

テスト中のバブルクリーパー。本誌が店頭に並ぶ頃にはリリースされる予定だ。大きなボディーと薄くて大きなアームからは、非常に大きな波動が発せられる

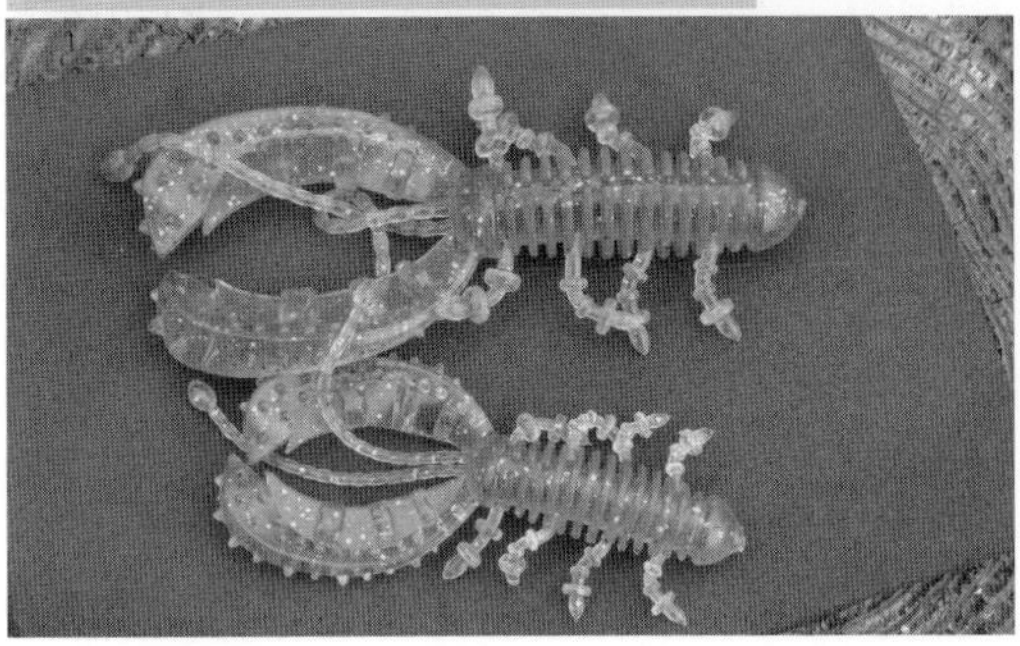

PowerBait Eel 8inch

硬いマテリアルを採用し、海藻が生い茂る根周りでもスムーズに泳いで誘う。大きなフォルムにナチュラルな波動がモンスターを狂わせる。私はガルプ！ SWイールの10inも多用している

PowerBait T-tail Shad 3.7inch

きびきびしたテールアクションとボディーのロールアクションが特徴のシャッドテール。スローリトリーブとファーストリトリーブを交互に使うと効果的

て丁寧に釣っていくつもりならば、ビーズやラトルは使わないほうが賢明だ。モンスターに対してはマイナスに働く可能性が高い。ビッグフィッシュを手にする秘訣は「派手に動かさない」と「不自然な音を出さない」を徹底することである。ハードルアーにたとえるならば、トゥイッチなどのアクションを一切入れず、デッドスローのタダ巻きに徹する。これがモンスターへの近道だ。自然界のカニやエビはアイナメやソイに見つからないよう物陰でかすかに動く程度なのに、しっかり見つけて捕食する。魚はそれぐらいの探知能力を持っているので、わざわざ派手に動かす必要はないのだ。

　私が手がけたガルプの『パルスクロー』は、大型ロックフィッシュをターゲットに開発した一口サイズのソフトルアーだ。マテリアルが一般的なワームにくらべて硬いのでボディーがムダに動かず、ナチュラルな波動で静かにアピールする。特に活性の下がった根魚は動かずとも捕食できるカニやエビなどの甲殻類をメインに食べるので効果抜群だ。ただし、低活性の魚は吸い込みバイトが多いので、小さなバイトを見逃さないように。

　派手に振動するのではなく、大きく水を押す『イール』もモンスターに有効だ。こちらも硬めのマテリアルなので波動はナチュラル。海藻に絡んでもフックからズレにくい点もポイントが高い。8inと10inの2種類あるが、いずれも強いワームだ。あまりにも大きく感じるかもしれないが、30cm程度の根魚でも果敢にアタックしてくる。

タックル 9 ワームのカラー

光量や潮色、魚の活性を踏まえ効果的なカラーを選択する

ルアーフィッシングを語るうえで欠かせないカラーセレクトは磯ロックでも同じ。魚の活性や潮の透明度など、環境の変化に応じてヒットカラーは目まぐるしく変わる。どのカラーが今最も有効なのか、常に考えながら釣ることが大切なのだ

アイナメのオスは産卵期を迎えると魚体が婚姻色である黄色に変化してメスにアピールすることからも色を認識していることが分かる。となると、もちろんワームのカラーも重要といえる。ベストカラーをチョイスしてモンスターとの距離を縮めたい

　季節や潮の色、魚の活性、ベイトの種類など、さまざまなファクターによって反応しやすいカラーが存在する。海況や天候、ベイトの回遊など、刻一刻と自然は表情を変えていくので、1日を通じて同じカラーで釣れ続くことは稀だ。「朝イチは○○カラーに反応したけど、太陽が昇って明るくなったら○○カラーで釣れ始めた」というように、光量や潮の動きで変わるパターンが多い。

　いち早くフィールドにワームをアジャストさせるため、基本的なカラーローテーションを紹介しておこう。

▼ソリッドレッド系／シルエットがしっかりと出るカラーなので、ディープエリアや光量の少ないマヅメの釣り、ストラクチャーの暗部をねらう際に有効。

▼クリアーレッド系（レッドバグキャンディなど）／根から離れて動き回っている魚をねらう場面で有効なカラー。魚がスポーニングを意識してシャローへ移動している時や、ベイトを探して回遊している場合に使いたい。

▼ホワイト系&夜光系／膨張色は澄み潮で使うと効果的。ワームのサイズは下げたいがアピール力は落としたくない局面でもおすすめ。岩礁に砂地が絡むエリアで甲殻類や小イカを食べている魚には、特に威力を発揮する。

▼茶色系（カモカラー、パンプキンなど）／1年を通じて甲殻類を就餌するロックフィッシュに対して最もオーソドックスなカラー。魚の状態に関係なく、安定した釣果が望める。アフタースポーンなど、体力を使い果たしてベイトフィッシュを

Q. これさえあればオッケーというような鉄板カラーは存在しないのか？

A. 1日を通じて釣れ続くカラーは稀。状況に応じてこまめにローテーションを

シルエットがはっきり出るソリッドカラーは、光量の少ないマヅメ時に使用頻度が高い。写真はレッド

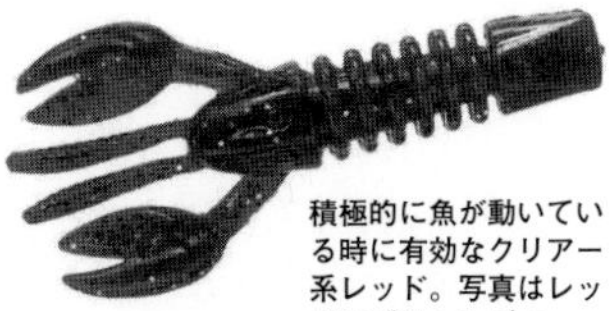

積極的に魚が動いている時に有効なクリアー系レッド。写真はレッドバグキャンディ

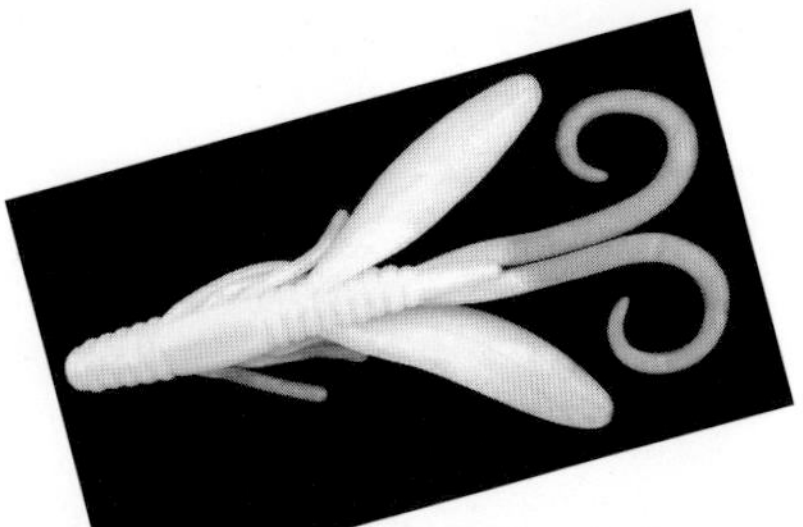

アピール度の高いホワイト系＆夜光系。膨張色はワンサイズ落として使える。写真はパールホワイト

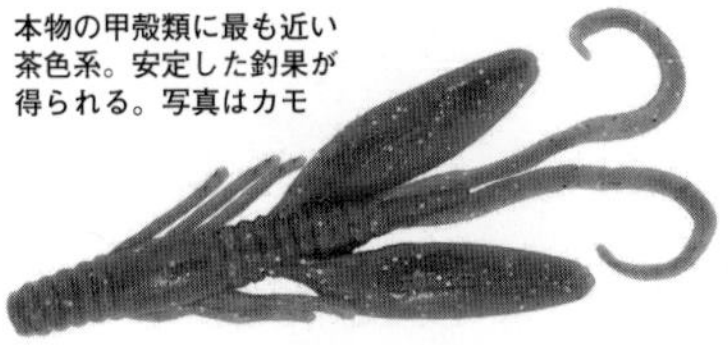

本物の甲殻類に最も近い茶色系。安定した釣果が得られる。写真はカモ

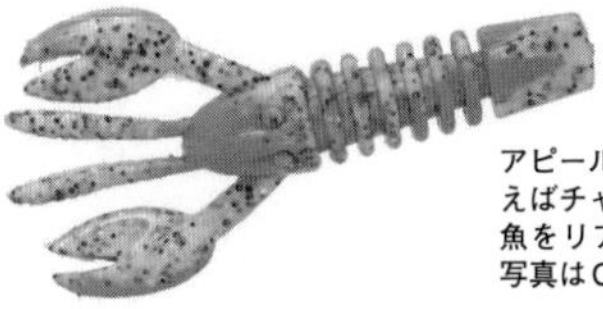

アピールカラーの定番といえばチャート系。低活性な魚をリアクションで誘う。写真はCGBFO

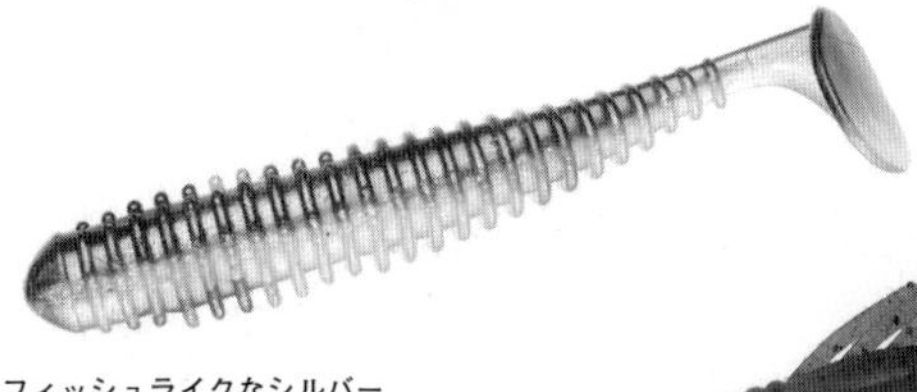

フィッシュライクなシルバー系。潮が濁ったら強い。写真はクリアシルバーシャイナー

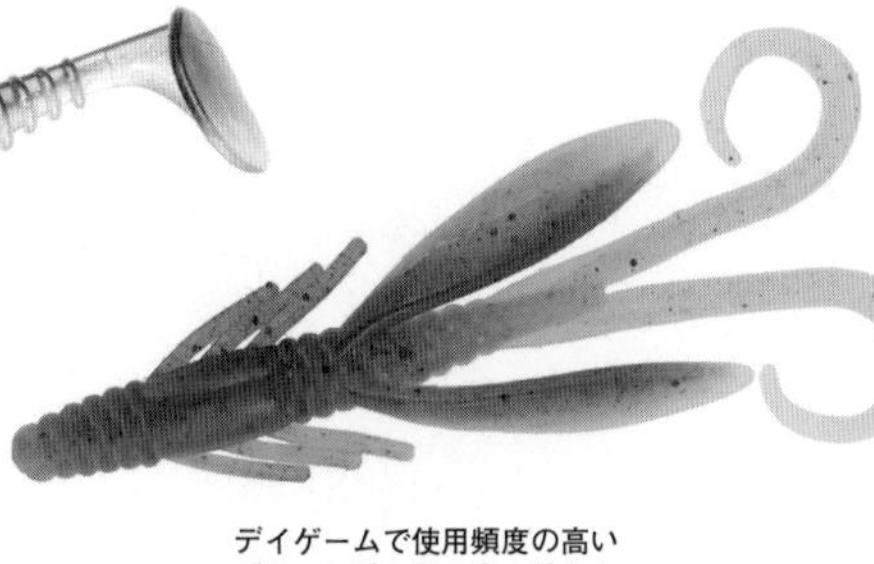

デイゲームで使用頻度の高いグリーン系。澄み潮で使うと効果的。写真はグリーンチャートパンプキン

アフタースポーンの魚をねらうのに外せないパープル系。写真はジューンバグ

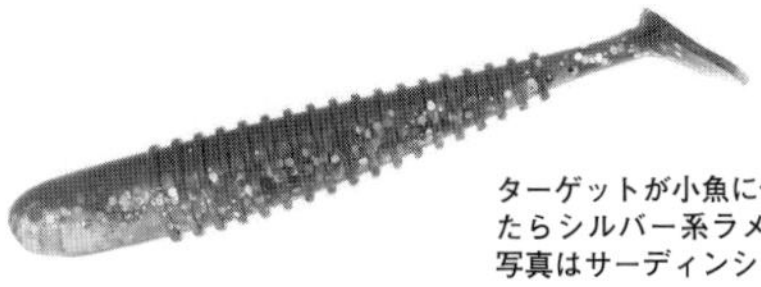

ターゲットが小魚に付いていたらシルバー系ラメが強い。写真はサーディンシャイナー

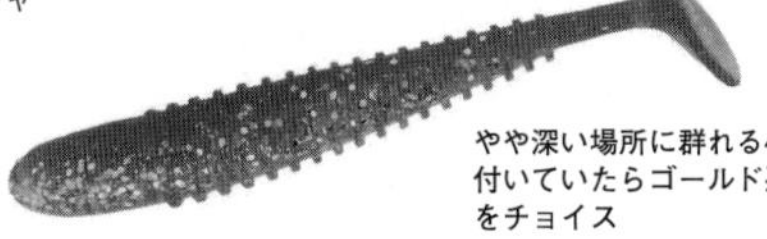

やや深い場所に群れる小魚に付いていたらゴールド系ラメをチョイス

追えず、甲殻類ばかり捕食している時期にナチュラルにアピールする。

▼チャート系（チャートリュース、チャートリュースグリーンブラックフロレセントオレンジ＝CGBFO）／アピールカラーの定番。強めの膨張色なのでワンサイズ小さなワームを使っても強めにアピールできる。活性の高い魚の視覚にアピールする時や活性の低い魚にリアクションで口を使わせる釣りに有効。

▼シルバー系（シルバーマッド、イール）／鈍く艶かしい光を反射するので、ベイトフィッシュに意識が向いている魚ねらいにマッチする。潮が濁った時にもナチュラルに誘えるカラー。

▼グリーン系（ウォーターメロンなど）／ストラクチャーに居着く魚や活性の低い魚をねらう場面で有効なカラー。ハイライト（日中）に強く、特に潮が澄む真冬に使いたいカラー。

▼パープル系（ジュンバグなど）／澄み潮における活性が低い時に効果的なカラー。特にアフタースポーンの魚には絶大な力を発揮する。

▼シルバー系ラメ／ベイトフィッシュパターンの定番カラー。光量が多い時に抜群の効果が期待できる。フラッシング効果を利用してリアクションで口を使わせることも可能。

▼ゴールド系ラメ／シルバーラメと使う場面はほぼ同じだが、ディープなど光量の少ないエリアをねらう際にはゴールド系ラメに軍配が上がる。

　他にも自分なりのパターンを探すのも面白い。いろいろ試してみよう。

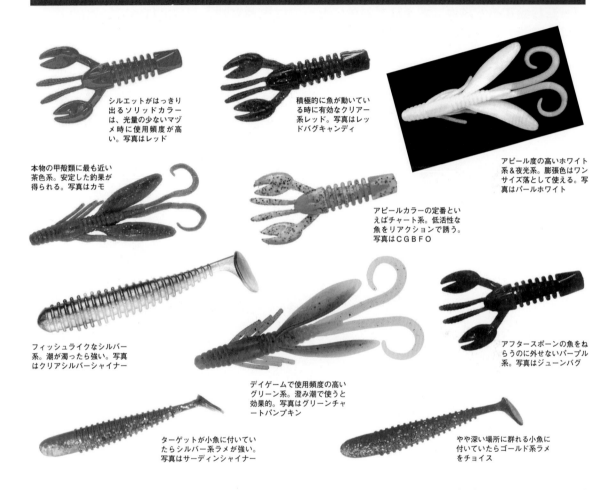

タックル **10** ワームのニオイとマテリアル

自然な波動で魚にアピールして最終的にニオイで食わせる

ワームの使い方として基本となるのはカラーローテーションだが、ワームが発する波動やニオイなども魚にとっては重要な判断材料になっている。特に食い渋った魚はニオイで口を使うかどうかを決めているはず

食欲とされるアイナメやベッコウゾイだが、環境がわずかでも変化すると食い渋る。たとえば水温が0.5度下がっても、体が慣れるまでは動きが鈍る。同じように産卵から体力が回復したアフタースポーンの魚も食いが渋い。それらの厳しい状況を打破する材料がニオイだ。モンスターはニオイとナチュラルな波動の両面で攻略する

ワームの使い分け方として、形状やサイズ、カラーなどがピックアップされることが多く、実釣でも気にしている人が多いと思うが、ここにワームのニオイとマテリアル（素材）を加えるとより釣果アップにつながりやすい。

現在バークレーから『パワーベイト』と『ガルプ！』というマテリアルが異なる2タイプのワームがリリースされている。前者は一般的なソフトプラスチックベイトで、後者がウォーターベースのポリマーを採用した生分解性ソフトベイトだ。どちらのマテリアルも魚の好むフレーバーを混ぜて仕上げられているが、水溶性の『ガルプ！』に関してはニオイの放出量が圧倒的に多い。また『パワーベイト』はマテリアルがプリプリと張りが強いので波動が大きく、対して『ガルプ！』は小さい。このニオイと波動の強弱は、バイトに密接に関係する。

根魚は就餌行動に出ると、視覚と嗅覚、聴覚を頼りにエサを探す。ちなみに聴覚といっても魚なので耳で聞いているわけではなく、魚体の横にある側線や体内の浮き袋で波動を感じ取る。視覚は人間と同等もしくは少し悪い程度。嗅覚については、アミノ酸を嗅ぎ取る能力は犬並みだという。聴覚（波動を感じ取る感覚）は、入り組んだハードストラクチャーの中でエサを探すため、他の魚にくらべて発達している。

そして、活性の違いで捕食パターンが変わり、有効なワームも異なる。

①高活性時／活性が高い時は、側線でエサの波動をとらえてから目視。エサを確

Q. ワームに混ぜられるニオイは魚に効果的なのか？

A. さまざまな要因で食い渋っている魚には、ニオイがバイトを誘発することが多い

【魚の活性とワームの使い分け】

	高活性	低活性
カラー	ハイアピール	ナチュラル
波動（素材）	大きい（軟らかめ）	小さい（硬め）
ニオイ	なし～普通	強い

生分解素材を混合して作られる『ガルプ！』は、ニオイの拡散がＰＶＣの４００倍に達する。不意の水温低下など、何らかの原因で活性が下がった魚にはニオイの一押しが効く。ボディーは硬めでよりナチュラルな波動を生み出す。アフタースポーンの魚には効果抜群だ。写真は『ガルプ！』の『パルスクロー』

通常のソフトプラスチックベイトは、ポリビニル・クロライド（ＰＶＣ）と呼ばれる合成ポリマーで作られている。生分解性ではないので水中に溶け出すニオイは少ない。ただし、ボディーが軟らかいのでアクションが大きく、生じる波動も大きいのでアピール力は強い。写真は『パワーベイト』の『Ｔシャッドテール』

ワームはなるべく多くの種類を使えるように釣行前に各パッケージからケースに移す。ここに『ガルプ！　アライブ！』などのリキッド液を垂らしておくと効果的だ。ただし、液が漏れ出さないように細心の注意を

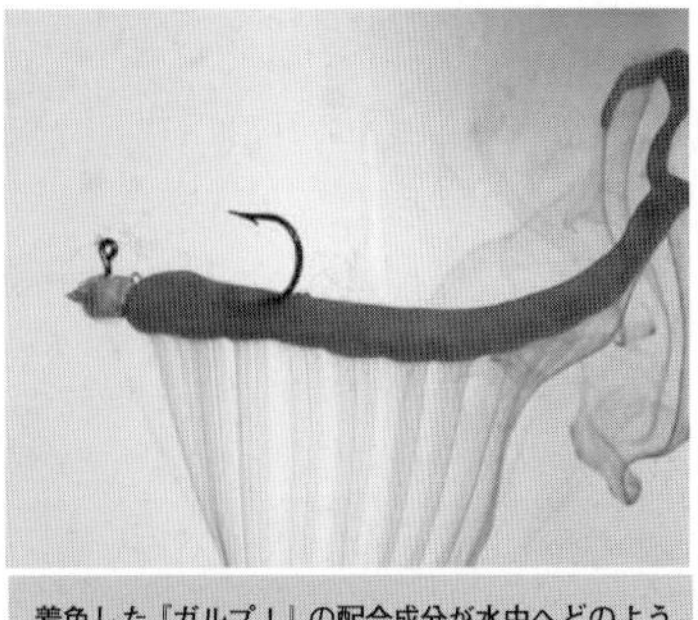
着色した『ガルプ！』の配合成分が水中へどのように拡散するか実験した際のカット。水溶性のボディーから大量のニオイ成分が溶け出している。嗅覚に優れる根魚にとっては、たまらないアピールとなる

認したところで一気に襲いかかって捕食する。この時使用するワームは、アピール力の強いタイプがよい。形状は水を強く押すものや激しくかき回すタイプでサイズも大きめ。カラーはチャートやピンク。フラッシング効果の高いラメ入りも有効だ。マテリアルは強い波動が出やすい少し張りのあるソフトプラスチックベイトの『パワーベイト』がおすすめだ。プリスポーンの魚は活性が高いので、ハイアピール系ワームを使うとよい。

②低活性時／活性の低い場合には、聴覚と視覚でエサを見つけるところまでは同じだが、口を使うか使わないかの最終判断は嗅覚が決定する。そのためワームのニオイがキーポイントになる。よくワームと眼と鼻の先まで近づきながらバイトしないのは、ニオイの一押しが足りなかったりすることが多い。余談だが、タバコを吸った手でワームをリグると、そのニオイがワームに付着して食いが鈍る。魚類学の実験で結果として出ているので、タバコを吸う人は注意したほうがよい。

アフタースポーンの魚は活性が低いうえにセレクティブなので、ナチュラル操作を意識してねらうと食わせられる。アピールの強いワームを使っていると嫌われるケースが多く、形状は水を緩やかに押すタイプ。リトリーブ中に激しくアクションするワームは避けたほうがよい。サイズも大きなものだと食いきれないのでボリュームダウンさせる。カラーはナチュラル系やジューンバグなど地味なカラーを好む。マテリアルは波動が弱いもの。ナチュラルに水に絡む素材の『ガルプ！』が強い。

タックル 11 釣りをサポートする小物類

日中は偏光グラスが活躍する 夜に備えてヘッドライトも必携

軽装を身上とするロックフィッシュゲームだが､釣り場に持っていくべき小物は多い。釣りを快適に楽しむためのサポートアイテムもあれば、命を守るための必需品も。現場で気づいてからでは遅いので、釣行前にチェックして取り揃えておきたい

ヘッドライトは夜のクロソイゲームに欠かせない。照明器具も年々進化しているので、なるべく新しいモデルを手に入れてほしい。ヘッドライトのおかげで事故を起こさずに釣りが楽しめる

足元の岩陰に潜むアイナメをサイトでねらうことも珍しくない。こんな場面では偏光グラスがないと釣りにならない。やや足場の高い場所から見渡せば沖のブレイクや根の位置なども丸見え。ロックフィッシュゲームになくてはならないアイテムだ

ロックフィッシュゲームは荷物をコンパクトにまとめ、必要最小限の装備で臨む釣りだが、あると便利な小物類は多い。実際に釣り場で重宝しているアイテムを紹介しよう。

▼偏光グラス／偏光グラスは海中のようすを観察するのに重要なアイテムだ。沈んでいる岩の色や位置、海藻の生い茂りぐあいなどをチェックしてトレースラインを考える。足元がポイントの場合は、根魚の動きを直接チェックすることもできる。偏光グラスなんて何でもよいと考えている人が多いようだが、ロッドやリールと同じ必需品であり、私は潮の色や天気などに応じて使い分けている。日差しの強い時期には海面の照り返しもキツいので、目を守るためにも最低でも1つは持っておきたい。タレックスならアクションコパーをはじめカラーバリエーションが豊富に揃っているので、気に入るモデルが見つかるはず。

▼ヘッドライト／堤防ナイトゲームの必須アイテムだが、磯ロックにも必ず携帯する。常に磯ロックでは車に戻るまでの時間を計算して行動しているが、不測の事態で行動が遅れた場合、山の中で日没を迎えるハメになる。ライトを持たずに夜の山道を歩くなど危険極まりない。万が一のことを考えて、必ずバッグやベストに忍ばせておくこと。なお、ヘッドライトは安価なものが量販店のワゴンで大量に売られているが、自分の命を守る大切なアイテムなので、多少高価でも輝度が高くて造りのしっかりしたものを選んでほしい。

Q. 偏光グラスは絶対に必要なのか？

A. 効率的な釣りが可能になるばかりでなく、目を保護するためにも必要不可欠

簡単に取り出せる軽量折り畳み式メジャーがおすすめ

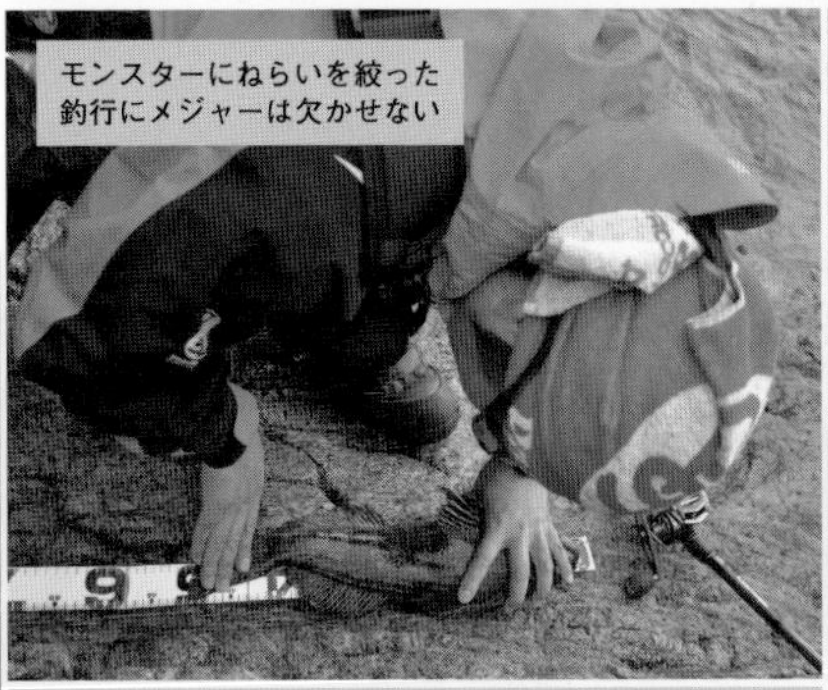

モンスターにねらいを絞った釣行にメジャーは欠かせない

▼アイナメをはじめ根魚は意外に歯が鋭い。50㎝クラスをバス持ちして暴れられたら指が傷だらけになってしまう。魚へ与えるダメージも軽減できるのでボガグリップを携帯したい

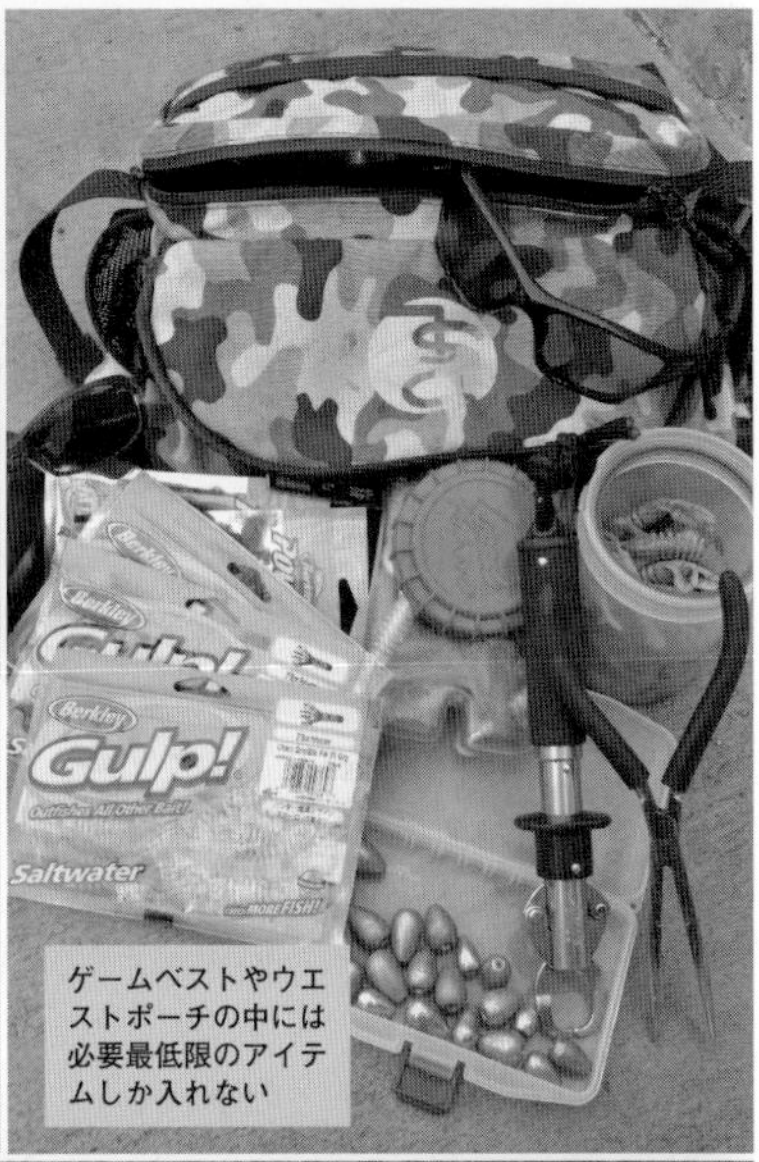

ゲームベストやウエストポーチの中には必要最低限のアイテムしか入れない

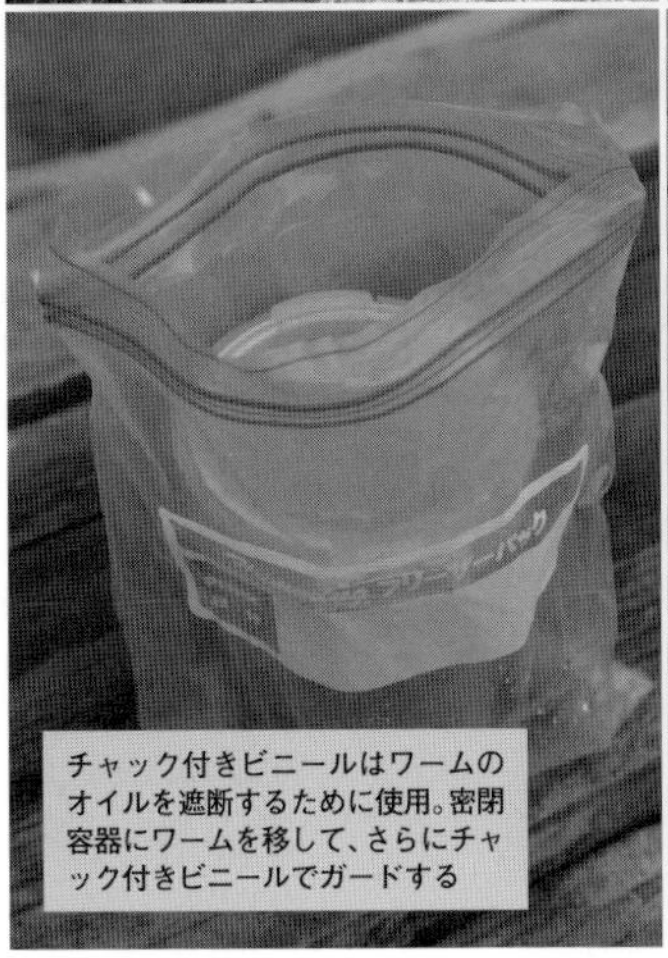

チャック付きビニールはワームのオイルを遮断するために使用。密閉容器にワームを移して、さらにチャック付きビニールでガードする

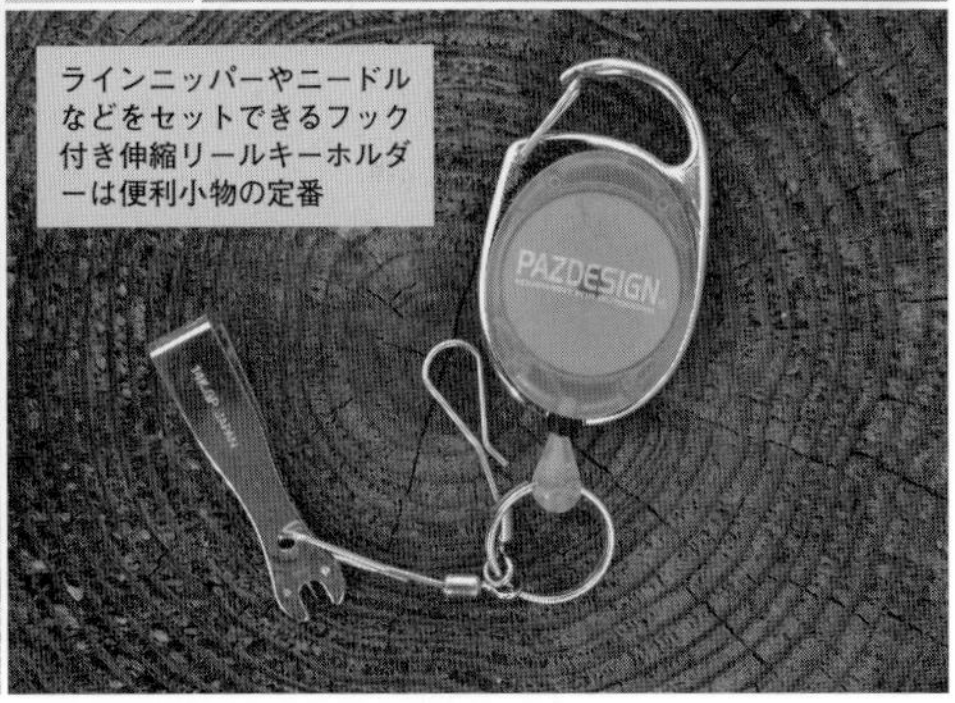

ラインニッパーやニードルなどをセットできるフック付き伸縮リールキーホルダーは便利小物の定番

▼ボガグリップ&ロングノーズプライヤー／魚を抜き上げてから安全な場所まで移動する際にボガグリップで魚をキープする。メジャーを当てる時を除いて魚にはなるべく触れないほうが、リリースする際に元気だ。ロングノーズプライヤーは、フックを呑まれた際に重宝する。50㎝を超えるベッコウゾイともなればコブシが入るほど口が大きく、ワームなどひと呑みにしてしまう。ノドの奥に掛かったら、ロングノーズプライヤーでないと外すのに苦労する。いずれも魚に与えるダメージを軽減するためにも携帯したい。

▼メジャー&デジカメ／メモリアルフィッシュをキャッチした時、記念に残すためにもメジャーとコンパクトデジタルカメラを用意しておこう。

▼チャック付きビニール／エギングではおなじみの冷凍バッグだが、磯ロックでも必需品だ。ワームのパッケージは密封性に優れるジッパーが付いているが、何度も開閉しているうちに中からニオイの強いオイルが漏れ出すことがある。このオイルが服などに付いたら始末が悪い。もともと私は機密性に優れたパックに詰め直しているが、それでも完璧ではない。そこでパックごとチャック付きビニールの中に入れて、ベストのポケットにしのばせる。

　以上、ロックフィッシュゲームの必携小物をピックアップしてみた。他にも時期によっては虫よけスプレーなどが必要。消毒液や絆創膏などの救急キットもあると安心だ。現場で困らないよう、釣行前に時間をかけてチェックすることを心がけてほしい。

フックの大きさとゲイブ幅をチェック
真っ直ぐ刺すのは当然&バランスが肝心

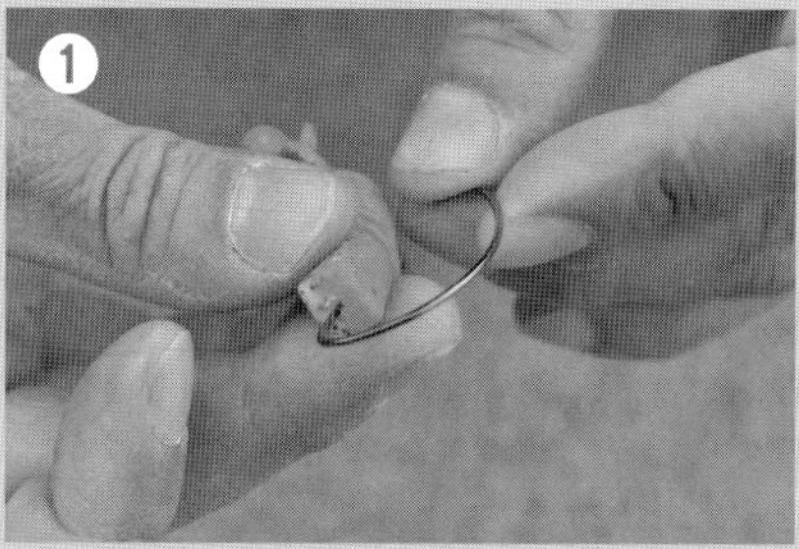

ワームをつまんだら、ワームを動かさず頭の中央にハリ先を5㎜ほど刺す。ワームは中指と親指でつまむと安定するので刺しやすくなる

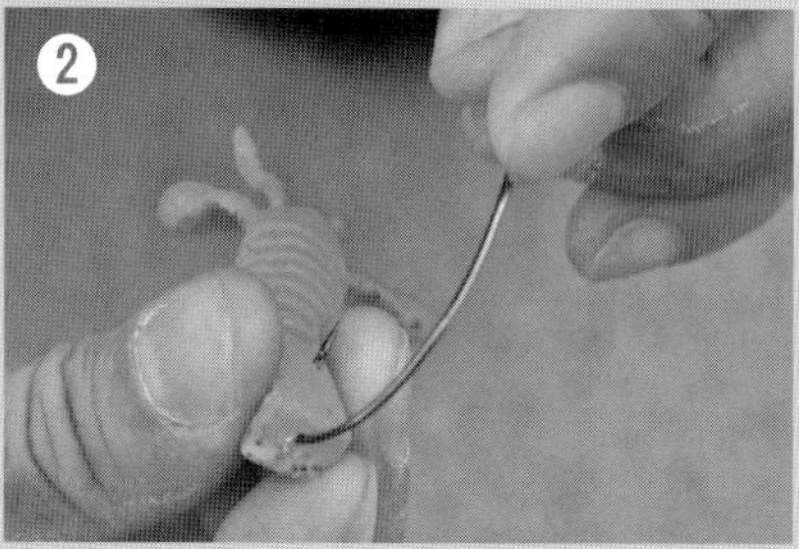

そのままハリを起こしてハリ先を腹側に抜き、アイに向かってシャンクを通す

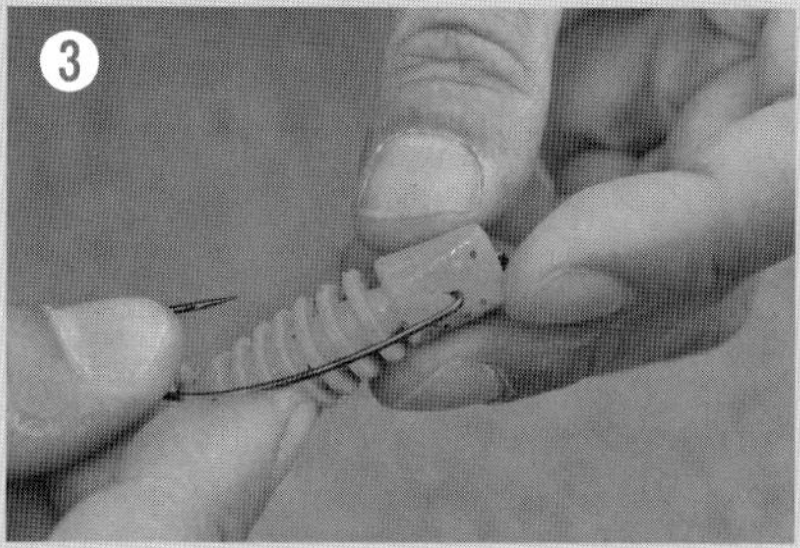

アイ手前のクランクに達したら、ワームが裂けないように注意しながらハリを反転させてアイまで抜く

いったんボディーにフックをあて、ハリ先を抜く位置、ゲイブ幅にバイト時にワームがズレる程度の余裕が残されているかを確認する

フックをボディーに抜いたら、ハリ先を軽くボディーに埋めるようにセット

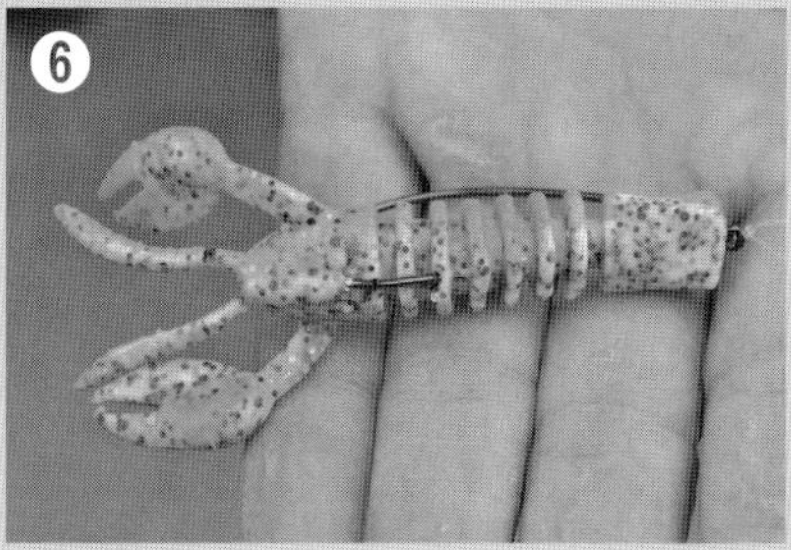

完了

ワームはセットした時点で真っ直ぐになるように丁寧にフックに通すこと。ワームが曲がったり、フックがセンターからズレていると誘い上げる際に姿勢が崩れたり、不自然に回転して魚に違和感を与えるばかりかイトヨレの原因にもなってしまう。

ここで重要なのは、ワームの大きさに対してフックが合っているかどうか。『パルスクロー』では、ちょうど頭部と胴体の境目ぐらいからハリが抜ける程度のサイズがマッチする。また、ワームのボリュームに対して、フックのゲイブ幅が充分に確保できることも大切だ。この2点には常に気をつかうこと。

なお、使っているうちに、どうしてもワームの頭が裂けてくる。頻繁にズレるようなら瞬間接着剤を裂け目に垂らしてリペアする人もいるようだが、嗅覚の鋭い根魚が嫌がる可能性があるので私は交換する。

フックをアイまでワームに埋め込んでから細いプラスチック棒でペギングする人もいるようだ。ラバージグ用に売っているブラシガードを1本ワームに差し込み、アイに通してニッパーでカットするとズレにくくなる。小型が頻繁にバイトしてワームがズレる場合はしかたなくペギングするが、魚がバイトした際にスムーズにワームがズレない可能性があり、それが元でバラシにつながることもあるので、なるべくバラシのリスクを減らしたい私は使わない。

塩津紀彦　ロックフィッシュ激釣バイブル

ターゲット

ロックフィッシュゲームの対象魚は実に多彩。
ライトタックルならばメバルやカサゴなどが主役、
ハードロックになるとアイナメにベッコウゾイ、クロソイがメイン。
近年ではハタ系の魚もクローズアップされている。
どれも実に魅力的かつ個性を持った魚達だ。

三陸海岸に端を発し全国に広がる磯ロック

東北を中心に人気の磯ロックはアイナメとソイが主役である。そして西日本を中心にグルーパーゲームも盛り上がりはじめた。全国各地で開拓が進み、今後の展開が非常に楽しみでならない

東北では15年ほど前から大型を求めて磯の開拓が始まり、モンスターサイズのアイナメやベッコウゾイが次々とあがった。堤防で楽しむライトタックルのロックフィッシュゲームに対し、ハードロックフィッシュと呼ばれた

東北ではアイナメを中心にベッコウゾイやクロソイが盛んに釣られ、それが大型が多い地域ならではのスタイル＝「磯ロック」として独自の発展を遂げた。

この釣りは比較的新しいジャンルで、第2次バスフィッシングブームが大いに盛り上がっている時期に三陸海岸で生まれた。徐々にブームになっていったのがクロソイのナイトゲームだった。初めは防波堤のライトゲームとさほど変わりなかったが、バスフィッシングブームによりタックルが進化し、大型ロックフィッシュに適したパワータックルが出てきたため、当時はバス用のベイトタックルを主に使っていた。

2000年代に入り、さらなる大型を求めて磯へのエントリーを開始。50㎝のアイナメやベッコウゾイが次々とあがってブームに火がついた。ハードな磯歩きやパワータックルの真っ向勝負というスタイルから「ハードロックフィッシュ」と呼ばれて大いに盛り上がり、今では専用アイテムも充実している。

ここまで盛り上がりを見せたのは、やはり大型根魚が釣れることが最大の要因といえるだろう。なぜ、三陸海岸を中心に東北の太平洋側に大型根魚が多いのか？明確な原因は分からないが、親潮（千島海流）の恩恵を受けていることはたしかだろう。北海道の根室半島から東南の海域で流路を変えつつ南下する親潮と、津軽海峡を抜けた対馬海流の分岐流（津軽海流）が合流。栄養塩類の豊富な海流となって三陸海岸に沿って南下する。寒流と暖流がぶつかるエリアではプランクト

Q. 大型の根魚は親潮の恩恵を受ける東北と北海道でしか釣れないのか？

A. 西日本でブームに火がついたハタゲーム。オカッパリで10kg超が釣れている！

ここ2～3年で一気にハードロックフィッシュの主軸に躍り出たハタ。キジハタとオオモンハタのダイナミックな引き味に魅力されるアングラーが続出している

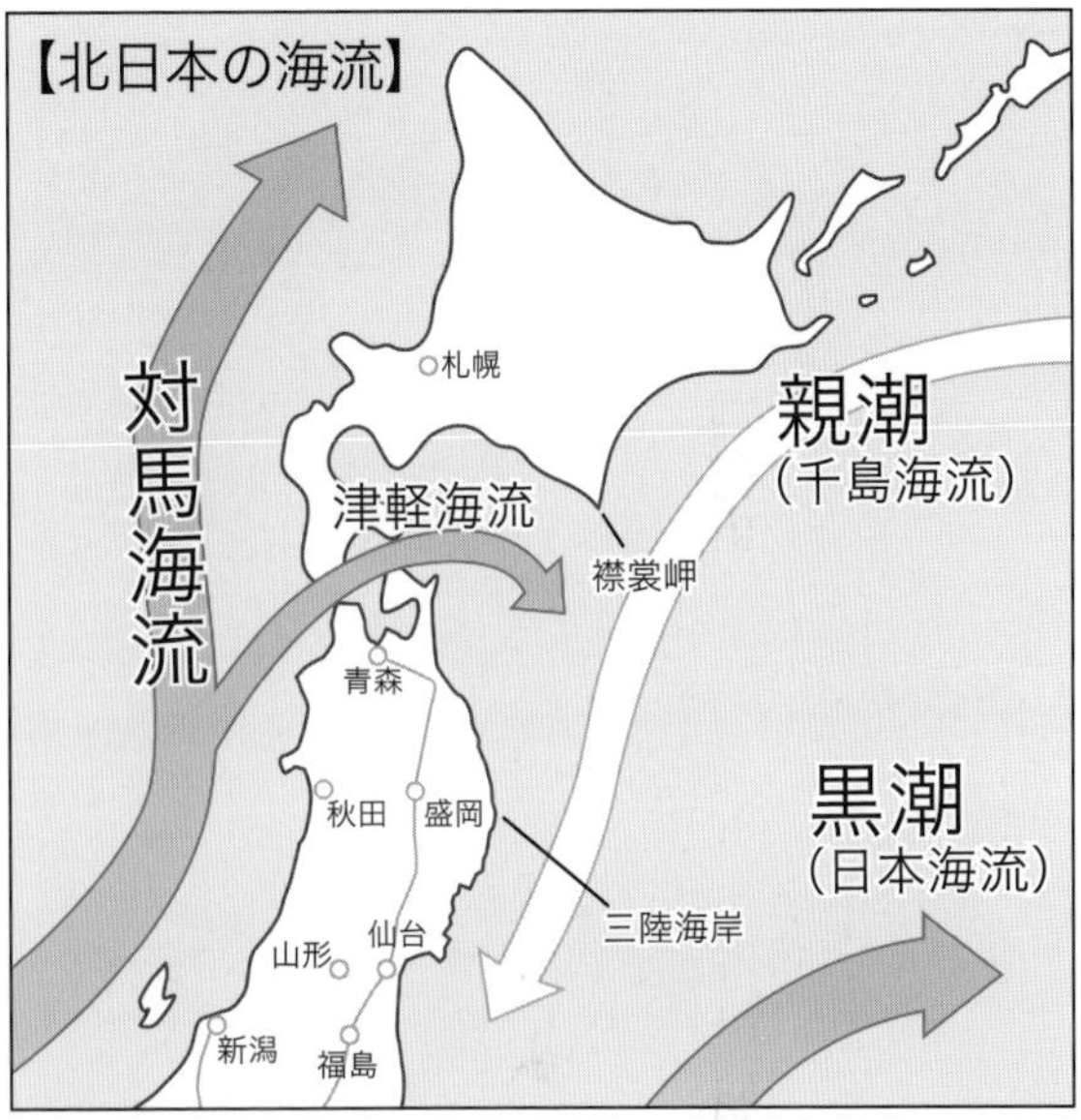

ンが大量発生して食物連鎖が起こり、その結果アイナメやベッコウゾイ、クロソイを大きく育てていると思われる。

ただ、陸奥湾にも大型根魚はいるし、日本海側もクロソイに関しては大型が望めるので、もちろん海流だけが原因ではないが、三陸海岸は非常に豊饒なエリアであることは間違いない。切り立ったリアス式海岸が釣り人からフィールドを守ってくれることも大きい。

そして最近俄然注目を集めているのが西日本のグルーパーゲームだ。ターゲットはオオモンハタとキジハタ。昨年ぐらいから一気にブレイクした感がある。特に鹿児島県などの九州南部エリアの岩礁帯は格好の住み家になっているようで、さまざまな種類そして相当数のハタがストックされている。なかには8kgを超えるキジハタも潜んでいるようだ。

獲れない大型が多くて試行錯誤している段階だが、これから大いに盛り上がることだろう。そして個人的には静岡県伊豆半島や駿河湾にも注目している。こちらも一部のマニアによって現在どんどん開拓が進められているようだ。さらに山陰や四国、北陸と全国にはまだまだ私の知らない素敵なフィールドが山のように存在しているだろう。

徐々に全国のマニアの方々のおかげでハタ釣りも少しずつ確立されつつある。ベストシーズンは夏とされているが、それ以外の季節はどうだろう。まだシーズナルパターンも完全には確立されていないし、地域によってもそのシーズナルパターンは大きく異なると思われる。

ターゲット 2 アイナメ

年に2回訪れるハイシーズンは水温とエサの濃淡に左右される

**やはりロックフィッシュゲームの主役を張る魚といえばアイナメだ。
快適な水温とエサを求めて深場と浅場を行き来して、
産卵期にはオスがきれいな婚姻色をまとってメスを誘う**

ヘビーテキサスを用いるロックフィッシュゲームの主役アイナメ。日本に広く分布しているので手軽に楽しめるが、60㎝クラスともなると、そうそう拝めるものではない。まさに東北の豊かな海だから育つのかもしれない

ロックフィッシュゲームの主役であるアイナメは、日本沿岸の比較的塩分濃度の低い岩礁域に広く生息する底生魚だ。日本全国どこでもねらうことができる。スズキ系スズキ目カジカ亜目アイナメ科アイナメ属。既知のとおりアイナメの側線は体側中央だけでなく、背ビレや腹ビレ、尻ビレの根もとに計5本あり、水中の波動に対しては敏感に反応する。体色は普段過ごしている環境によって異なり、赤褐色や紫褐色などさまざま。繁殖期のオスには派手な婚姻色が表われる。

東北を例にあげながら1年の流れを解説しよう。アイナメにとって春の訪れは5月の連休前後。水温の上昇を感じ取るのか、続々と浅い磯場に差してくる。甲殻類を盛んに捕食するが、イソメ類を就餌することもある。この季節のメインルアーはクロー系。甲殻類が少ない場合はストレート系のワームを使うことも。そして順調に水温が上昇して、6月中旬から7月いっぱいが最初のハイシーズン。イワシなどのベイトフィッシュが群れで接岸すると、イールなどのビッグワームに好反応を示す。アイナメの付き場は岬周りなど潮通しの良好な場所だ。

8月に入ると水温が高くなりすぎてディープに離れ、再び水温が下降線を描いてシャローエリアで快適に過ごせるようになると、産卵を目的に浅場へ戻ってくる。時期的には10月の下旬頃から浅場に入る。なお、大型からスポーニングに入ることが多く、産卵はワンド内の比較的穏やかなシャローで行なわれる。

産卵期は婚姻色をまとったオスが岩陰

Q. 東北のアイナメにとって快適な水温とは何度？

A. 12℃近くになると浅場に差してくる。活発にエサを追うのは 15 ～ 18℃

◀モンスターを一度手にしたら病みつき間違いなし。独特のフォルムと重量感に見とれてしまう。強烈な引きを味わいたいならば、絶対的に初夏の釣行がおすすめだ

▲甲殻類ばかり食べているイメージが強いが、初夏にイワシなどの群れが接岸するとミノーライクなワームにも好反応を示す。ちなみにアフターの個体は動きが鈍くて魚を追えず、甲殻類ばかり捕食する

にメスを誘い込み産卵させる。メスは産卵を終えるとその場から去るが、オスは産卵床に残って産み付けられた卵を外敵から守る。この時期は縄張り意識が強く、卵に近寄る外敵を威嚇《いかく》しては追い払う。産卵期に堤防や磯で黄色い魚が高速で泳いでいたら、それはオスが外敵を追い払っている姿だ。ちなみにポストスポーンの魚はなかなか口を使わないし、積極的にねらうべきではない。産卵場の近くでタイミングを計っているプリスポーンやアフター回復の個体をねらいたい。

なお、プリスポーンの魚は選り好みなく捕食しているので、どんなタイプのルアーにもよく反応する。アフターの魚は体力が回復するまであまり動かず甲殻類を捕食するので、クロー系のワームで攻めるのがセオリー。その後はイワシなどが接岸することもあるので、そんなタイミングにはシャッドテールなどのフィッシュライクなワームが強いことも。

そして年明け頃から水温が低下するので再び深場に落ちていく。そうなるとオカッパリでねらうのが難しくなり、一般的にはオフシーズンに入る。ただし、特大サイズのなかにはミディアムレンジに残って越冬する個体がいるので、コアなファンはわずかなチャンスを信じて釣行する。1日探って1バイトあるかないかの世界だが、食ってきたら高確率でモンスターだ。この厳しい状況が4月いっぱい続く。

また、多くは深場に落ちる一方で、一部は漁港内で越冬する。これは夜の常夜灯にベイトが集まるからだ。この漁港越冬組は、この期間限定で夜行性となる。

ターゲット 3 ベッコウゾイ

アイナメと双璧をなす南東北の主役 迫力ある姿と模様に見とれる

宮城ではアイナメより人気の高いベッコウゾイ。その出で立ちはまさに古代魚。大型は60㎝に達するロックフィッシュモンスターだ。春と秋のハイシーズンはもちろん、夏と冬にもわずかながらチャンスはある

自分の大きさの半分ほどもあるエサにも襲いかかる貪欲な性格と、古代魚を彷彿とさせるいかつい姿が魅力。ベッコウゾイは6月と7月がハイシーズン。強烈な引きを味わうことができる

東北のロックフィッシュゲームでアイナメと並んで人気が高い魚がベッコウゾイ。語源は魚体の模様が見てのとおりベッコウに似ているから。体色は黄褐色から茶褐色であることが多い。標準和名はタケノコメバル。スズキ系スズキ目カサゴ亜目メバル科メバル属の胎生魚。アイナメもスズキの仲間なので、ベッコウゾイとは遠い親戚関係になる。カサゴや他のソイにくらべて口先が尖がっており、顔のトゲがほとんど目立たない。

北海道南部から九州まで分布しているとされるが、北海道ではなかなか姿を拝めない。ズングリとした愛嬌のあるフォルムのアイナメに対し、ブラックバスを連想させるグラマラスな体型の魚で、抜群の引き味が魅力だ。私はロクマルを追い求めて釣行しているが、まだ達成できていない。引きは強烈の一言。体力が充実する夏にモンスターを掛けようものならば、あまりの強烈な引きに翻弄《ほんろう》されることだろう。口が大きく貪欲で、自分の体長の半分近くある魚でも豪快に呑み込んでしまう。昼行性といわれるが、実際は昼夜を問わずに動き回ってエサを食う。

東北では早い個体は4月後半から湾内の浅場に姿を見せてエサを追う。親潮の影響を受けにくい湾内がねらいめになるが、この時期は雪代が川から流れ込むなどしてエリアによっては時期尚早な場合も。場所選びが非常に重要な時期だ。本格的に浅場に差してくるのは5月に入ってから。6月ともなれば15℃前後で水温も安定。7月下旬までハイシーズンとなり、ワンドの入口に近いシャローの岩場で釣

Q. 夏と真冬のオフシーズンは釣れないのか？

A. ディープに落ちきらない個体もいる。条件はシビアだが読み切れば釣れる

60㎝を目標に置いて足しげく通っているが、なかなかロクマルは拝めない。潮当たりのよい岬周りを好むアイナメに対して、やや穏やかな湾内の磯に潜んでいる

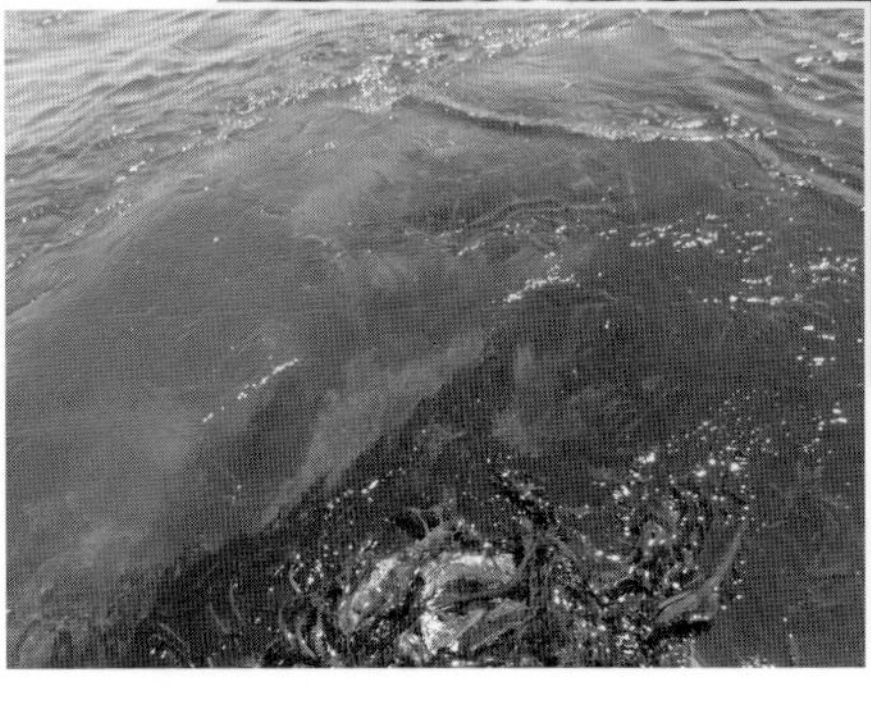

初夏は溶存酸素濃度が高く海藻が生い茂る場所がねらいめ

れ盛る。梅雨が明ける頃には水温も高くなり、サラシが払い出すような溶存酸素濃度の高いエリアに居着くようになる。

そして、アイナメ同様に上昇する水温に耐えられなくなり8月にはいったん過ごしやすい深場へと落ちる。ただし、ベイトが豊富なエリアに関しては居残る個体もわずかにいる。根本的に暑さに弱い魚なので、海藻が生い茂っている場所や大きな根や岩の日陰側に身を寄せている。少しでも潮通しのよい場所がポイントになる。比較的水温が低い朝マヅメねらい以外はシビアな条件になるので一般的にはオフシーズンだ。そして再び水温が下がる10月に浅場へと姿を現わし、12月に入るとスポーニング。スポーニング前の11月とアフタースポーンの1月がハイシーズン。

1月末に入って厳寒期を迎えると環境が安定した深場へと落ちていくが、アイナメにくらべるとシャローに近い深みで越冬することが多いように感じる。例によってディープに落ちきらない個体もおり、確率は低いながらオカッパリでねらえる。こうして4月中旬までは深場で越冬するのがベッコウゾイのお決まりのパターンだが、小型でもよければ周年漁港で釣れる。なお、体力的に余裕のある大型から接岸する傾向はアイナメと同じで、本隊より2週間ほど早く行動する。

使用ルアーは、春先にクロー系、イワシや小サバなどのベイトフィッシュが回遊する初夏はビッグワームがよい。いずれのワームもロングロッドのストロークを生かしたリフト&フォールでねらう。

ターゲット 4 クロソイ

夜の堤防で良型がねらえる ベイトフィッシュに付く行動派

東北では仕事帰りにちょこっと港に立ち寄りクロソイに遊んでもらう人が多い。ルアーだけでなく電気ウキ釣りなども盛んでなじみの深いターゲットだ。大型は深場で過ごすが、時折りベイトの群れに付いて浅場に姿を見せることもある

夜になると堤防や岩陰で身を潜めていたクロソイがエサを求めて活発に動きだす。ベイトフィッシュが接岸するとスイッチが入り、ライトテキサスで30㎝までの小型が数釣れる

クロソイはほぼ1年を通じて堤防に居着いている魚なので、ロックフィッシュゲームではメジャーなターゲットだ。

ベッコウゾイと同じくスズキ目カサゴ亜目メバル科メバル属の胎生魚。魚体は暗灰色をベースとして無数の小さな斑点が不規則に散らばっている。大きいものは60㎝を超えるが、堤防で釣れるのは30㎝までが多い。その理由は成長すると遊泳力がつき、堤防を離れて沖の深みへと移動するからだ。そのためオカッパリでは、どうしてもモンスターとの遭遇率は低下する。大型は70m以深の砂泥と岩礁が絡むエリアを好み、オカッパリの攻略は簡単ではないが、接岸のタイミングをねらえばモンスターを拝むことができる。

遊泳力は強く、根に居着くというよりもベイトフィッシュの群れに付いて一緒に回遊していることが多い。ベイトフィッシュを追いかけて中層にサスペンドするほどだ。1年で100㎞移動したという調査結果もある。時期を問わず、イワシなどベイトフィッシュの群れが接岸すると、立て続けに浅場で大型が釣れることがある。ちなみにイワシの群れが移動すると、それまで釣れていたクロソイの気配も消える。ベイトとともに接岸してベイトとともに消えるのだ。

オカッパリでねらえるのはベイトの群れが接岸するタイミングのほか、4~5月にかけたスポーニングシーズンである。この時期は大型が浅場に集まる。仔魚を産み終えて体力が復活すると再び深場に落ちるので、途中で魚体を休める深場に造成された沖堤もねらいめだ。

Q. 磯だったら大型のクロソイをキャッチできないのか？

A. ベイトフィッシュが多く接岸していれば稀に日中でもねらって釣れることがある

夜の堤防はクロソイが人気。仕事帰りに立ち寄って、軽く遊んで帰る人が多い。スリリングなファイトを楽しみたい人はライトタックルという選択もあり

30㎝を超えると堤防に付いていた個体も沖へ移動する。このサイズが釣れれば上等。モンスターサイズは出産の一時だけ浅場に姿を見せる

▼クロー系ワームに食ってきたにもかかわらず、口の中にカタクチイワシ。ベイトを追いかけてスイッチが入ってしまうと、手当たり次第に捕食する

夜行性なのでスタイルはナイトゲーム。常夜灯などが海面を照らす明るい堤防がおすすめ。三陸海岸も復興が進んでおり、次々と岸壁の修復工事がなされ、多くの漁港では夜間でも安全に釣りが楽しめるようになった。

釣り方はトラブルの少ないスピニングタックルを使ったライトテキサス。捕食スイッチの入った魚はマッチ・ザ・ベイトを気にせずともクロー系でもホッグ系でも充分に釣れる。カラーはグローなど派手なソリッドカラーが定番。アピール系がよくない時は、思い切ってナチュラル系にチェンジするとよい。中層に浮いていたりするので軽めのシンカーを使い、フォールで食わせることを意識しながら釣るとよいだろう。

有望なポイントは潮通しがよい堤防先端周り。これは居着きのクロソイをねらうというより、ベイトフィッシュを追いかけてきたりスポーニングを意識して浅場に入った移動個体を率先してねらうポイントである。地形や潮流よりもベイトフィッシュが溜まりやすい場所こそがクロソイのポイントになる。

表層にイワシが群れていたらチャンスだ。堤防の基礎石と砂地の境目や常夜灯の明暗の境界、先端をグルリと囲んだテトラ帯の切れ目などを探ってみると、堤防ではなかなかお目にかかれない良型がヒットすることもあるだろう。ちなみに潮の緩い堤防内側の曲がり角やスロープ周りもポイントで、港に居着いている小型がヒットする。遠投する必要はないのでビギナーでも楽しめるはずだ。

ターゲット 5 メバル

ライトゲームの花形 春～初夏は河口に近い浜が熱い

ロックフィッシュゲームのなかでも高い人気を誇るメバル。ハードロックフィッシュとは異なるスピニングタックルの釣りだが、尺にねらいを絞るとマニア度が一気に上がる

メバルも尺超えになると別格。目玉は10円玉ほどもあり、プロポーションも抜群。話によると40㎝を超えるモンスターもいるようだ。実際にこのサイズを手にするとそれが本当であると確信する

今さら説明するまでもないロックフィッシュの代表格。ロックフィッシュゲームといえば多くの人がメバルを連想する。スズキ目カサゴ亜目メバル科メバル属の胎生魚。外洋に面した岩礁帯の藻場に生息する。カサゴやムラソイのように底に張り付くことはなく、中層をホバリングしていることが多い。手軽なのに奥深いという釣趣が受けてメバリングのファンは多い。タックルも各メーカーからリリースされ、1つのジャンルとして確立されている。日中でも釣れないことはないが、夜行性なのでメインはナイトゲーム。

シロメバルにアカメバル（オキメバル）など、メバルの仲間は非常に多いが、堤防やゴロタ場、砂利浜で釣るのはクロメバル。大きいものでは40㎝に達するが、人間が入れ替わり立ち替わり入るような港の堤防では、なかなか30㎝の壁は超えられない。20㎝程度の小型は年中港で姿を見ることができるが、成長すると浅場と深場を行き来するようになる。その接岸のタイミングにアジャストできれば、尺超えを手にすることができる。

メバルにも磯ロックのようにコアなファンが多く、人の入らないゴロタ場や根が点在する砂利浜などで尺をねらう。磯ロックとはスタイルこそ異なるものの、マニアックな趣きは共通する部分が多い。のめり込むほど熱くなれるターゲットだ。

南東北～北関東地方のハイシーズンは年2回ある。最初は5月の連休から7月にかけて。適水温と豊富なエサを求めて浅場にやって来る。ちょうど梅雨期と重

Q. 気軽に入門できるメバリングは簡単な釣りなのか？

A. サイズを求めるとやはり難易度が上がり、のめり込むほど熱くなれる

▲大メバルの引きは半端ない。尺超えにねらいを絞るつもりならライトゲーム用タックルではパワー不足。掛かった尺を確実に獲れるタックルで臨むこと

釣るなら尺というスタイルを貫き通せば、数は出ないものの価値ある１尾を手にできる。スイッチの入ったメバルは驚くほど浅場まで差してくるので、遠投に固執しないように注意

▼サーフに磯が絡む場所は全国各地に点在しており、その多くは大型メバルの実績がある。開拓してみてはいかがだろうか

なるので梅雨メバルと呼ばれる。春は川から降りてきたサケの稚魚や、これから川に入る稚アユを盛んに追いかける。初夏はイワシや小サバなども捕食する。日中はやや沖の海藻や根に付いているが、夜はエサを求めて浅場に姿を見せる。スイッチの入ったメバルは驚くほど浅いエリアまで差してくる。水深が50㎝もあれば食う可能性は充分にある。

そして1月中旬から2月中旬にかけて。12月から行なわれるスポーニングを終えて体力が回復してくると、梅雨メバルと同じように盛んに浅場で就餌する。多くは小さなイワシを捕食しているようだ。また、富山や新潟などはホタルイカが身投げする3月にメバルが砂利浜や漁港に接岸するなど、地方によって特殊なパターンも存在する。行動はベイトフィッシュに依存する部分が大きい。

活性の高いメバルは表層近くでエサを追うので、上層から順に下へ探っていくのが鉄則。警戒心が強く不用意にヘッドライトなどで海を照らさないことが大切だ。ライトアクションのスピニングタックルに極細ライン、軽いジグヘッドにピンテールワームが定番だが、尺にねらいを絞るのであればタックルもそれなりにパワーが必要になる。詳細はあとで解説する。

港内のポイントは係留船の影や常夜灯周り。常夜灯が海面を照らしている場所に寄るベイトを捕食するため暗部側に身を潜めている。スイッチの入ったメバルは、斜め姿勢でホバリングしながらエサの通過を待っているので、気配を悟られないように静かに釣ること。

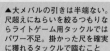

ターゲット 6 オオモンハタ

ロックフィッシュの新星 たくましい姿と強烈な引きが魅力

ハードロックフィッシュのターゲットといえば、これまでアイナメ属やメバル属の魚が主軸を占めていたが、ここ2～3年でマハタ属が注目を浴びるようになった

ハードロックフィッシュのターゲットとして注目を浴びるオオモンハタ。まだねらいはじめて間もないので、夏がハイシーズンということぐらいしか分かっていない。今後徐々に解明されていくはず

ハタと一口で言っても200種近い仲間が存在するらしいが、オカッパリのグルーパーゲームのターゲットになっているのはアカハタにキジハタ、そしてオオモンハタといったところだろう。大型のマハタに関しては、そうそうお目にかかれる魚ではない。他にもノミノクチやアオハタなども釣れるが、専門にねらうほど個体数が多くないので外道として扱われることが多い。いずれも夏が盛期の魚だ。

相模湾以南の太平洋沿岸に生息するオオモンハタは、浅い岩礁域に生息する小型のハタ。50㎝ほどに成長する。スズキ系スズキ目スズキ亜目ハタ科マハタ属。魚体に褐色の斑点が密に分布しており、網目模様をなしている。防波堤や岩礁、サンゴ礁だけでなく、近くに根があれば砂底でも見かける。ホウセキハタと区別がつきにくいが、オオモンハタの尻ビレは縁が白くなっているので見分けは簡単。

これまで専門にねらうアングラーは少なかったが、ここ2～3年で人気が出てきた。新しいターゲットなので、まだシーズナルパターンなどはあまり確立されていないが、少しずつ有効な釣り方が明らかになってきている。ちなみに冬は深場に落ちるようだが、体力のある一部の大型はシャローもしくはシャローに隣接するちょっとした深みに残っているのではないか？ とにらんでいる。

代表的な釣り場は鹿児島県の錦江湾。ロックフィッシュファン垂涎《すいぜん》のハタパラダイスだ。磯だけじゃなく、堤防でも釣果が得られるので魚影の多さは抜群だ。最近では静岡県の伊豆半島や駿河湾など

Q. 最近注目のハタには東北流の磯ロックスタイルが通用するのか？

A. 難度の高いターゲットだが、充分に攻略可能だ

パイロットルアーとしてキャストした10inの『イール』に襲いかかった良型。40㎝もあれば良型の部類に入るが、西日本なら50㎝オーバーも期待できる

グルーパーゲームといえば鹿児島の錦江湾が人気だ。まだ釣り方を確立できたわけではないが、東北の磯ロックスタイルも間違いなく通用する

も話題にのぼっている。四国も熱いようだ。今年も開拓が進んで、注目すべき情報が飛び交うことだろう。

魅力は根魚ファンなら見とれてしまう容姿と引きの強さ。引きは強烈の一言で、30㎝程度の小型でもフィールドによってはバットパワーのあるロッドでないと持て余すだろう。底生魚で根の奥に潜んでいるイメージだが実際は泳ぐ力が強く、イワシなどの群れが表層を通過すると上層まで浮いてくる。積極的にベイトフィッシュを追いかけては移動を繰り返し、前日よく釣れたにもかかわらず翌日にはさっぱりという現象は、ベイトの群れについて移動したからだ。以上のことから分かるとおり、釣り場では小魚や甲殻類の有無を見ながら釣りを組み立てる。

中層に浮いてベイトフィッシュを捕食している時はスイッチが入っているので、ビッグワームやシャッドテールの速いアクションに反応する。甲殻類を食べている場合は、クロー系やホッグ系ワームを使い、大きなピッチのリフト&フォールで誘う。貪欲な魚なので水温低下などで食い渋らないかぎり、目の前にルアーを通せば高確率で食ってくる。

アタリは明確なので察知した時点で即アワセ。本当は口の中に入ったワームの角度を調整してからアワセを入れたいのだが、掛かった瞬間にスタックするような根の粗い場所を好むので、すぐに反応できないと根に潜られてしまう。ブレイクのショルダーで食ってくることが多く、少しでも仕掛けに角度を持たせるため、岩の上などやや高い位置からサオをだす。

ターゲット 7 キジハタ

美しい橙の斑点をまとった人気魚 目標は60㎝オーバーのモンスター

磯ロックの新しいターゲットとして注目を集めるキジハタ。放流事業が盛んな地域では以前から人気が高かったが、あくまでも限定的だった。ブームは全国に広がりつつある。これから開拓が進んで大いに盛り上がりそうだ

キジハタはオオモンハタよりも広範囲に分布しており、北陸や東北でも釣果が聞かれる。以前は福井や富山の堤防でも50㎝があがっていたが、ここ10年ほどでめっきり数が減ったという

オオモンハタと並んで人気の高いハタがキジハタ。スズキ系スズキ目スズキ亜目ハタ科ハタ亜科ハタ族マハタ属の中型ハタで70㎝ほどに成長する。美しいオレンジ色の斑点が全身に見られることから、英名でレッドスポテッドグルーパーと呼ぶ。ちなみにオオモンハタはブラウンスポテッドグルーパー。

雌性先熟の性転換を行なう魚で約40㎝でメスからオスに転換する。釣られるなどして周辺からオスが消えると、30㎝未満でも1尾のメスがオスに転換して産卵活動を行なう。このような子孫を残すための柔軟な術を持つキジハタだが、全国的に生息数は減少の一途をたどっている。大切にしたい魚である。東北から九州に至る各地に分布しているが、ほとんどの地域において存在を知られておらず現在開拓が進んでいる。

オオモンハタ同様に夏の西日本でよく釣られているが、東北から北陸にかけての日本海でも人気が高い。残念ながら私がメインとしている北関東～東北太平洋側には生息していないため50㎝を超える大ものにはまだ出会えていない。鹿児島の錦江湾内には8㎏ほどもあるキジハタが潜んでいると地元の船頭さんから聞いた。サイズも70㎝を超えるらしい。これをキャッチすることが最終目標である。

昼夜を問わず釣れることからヨネズ（夜寝ず）と呼ぶ地域も多く、以前はナイトゲーム主体だったが、最近は磯ロックスタイルを取り入れてデイゲームを楽しむ人が増えている。このようにハタ科の魚が加わったことで、より多くのアング

Q. 以前はナイトゲームでねらう魚として一部の地域で人気があったが？

A. 現在はデイゲームも人気が高い。磯ロックスタイルも日中に楽しむ

これでも充分良型なのだが、鹿児島には８kgに達するモンスターがいるとか。東北流の磯ロックで真っ向勝負してみたい

根の粗い場所を好むので、オカッパリでねらうと苦戦させられるキジハタ。簡単に釣れる魚ではないところが釣り人の心をくすぐる

ラーが磯ロックをレパートリーに加えているようで実に喜ばしい。

望ましい釣り場の条件は次の４点。

①潮が澄んでいること
②潮が動いていること
③光量が少ないこと
④甲殻類が繁殖していること

オオモンハタ同様、磯ロックの新しいターゲットなので細かい攻略法は確立できていないが、やはり潮が濁っていたり動かないと食わない。もちろん急激な水温低下なども食い渋る。このあたりは、どの魚でも同じ。光量は少ないほうが食いはよく、マヅメ時や曇天のようなローライトコンディションが望ましい。

そしてキジハタは甲殻類を好んで食べるので、ホッグ系やクロー系ワームが効くようだ。ヘビーテキサス向けのターゲットともいえる。イワシなどの群れが接岸するとオオモンハタ主体の釣果となることからも、たしかに食性は異なるようだ。もちろん魚も捕食するので、ビッグワームやシャッドテールにも反応する。

磯のポイントはワンドの奥よりも潮通しがよい岬周り。堤防では先端と沖向きに入れられたテトラ周りをねらう。いずれの釣り場も足元から探ること。遠投するほどラインの角度が失われて根掛かる確率が高まるので、手前から徐々に沖へと探る。クロー系を使う場合は、リフト&フォールで探る。リフトはワームを高く持ち上げるイメージで根掛かりを回避しながらハタにアピールする。そしてアタリがあったら即アワセ。一気に根から引き離して巻き上げ、根に逃げ込む隙を与える前に引き抜く。

ターゲット 8 ゲストフィッシュ

ムラソイは2kgが出ることも 砂地絡む堤防ではフラット系

主軸にならない根魚はもちろん、磯ロックではゲストフィッシュが多い。豊饒なフィールドでロッドを振るだけに、その顔ぶれは実に バリエーションに富む。うれしい外道のカレイにヒラメ、時にはシーバスや青ものもワームを引っ手繰る

磯ロックのゲストフィッシュは実に多彩だ。代表格はムラソイ。亜種は多いが、ムラソイとオウゴンムラソイ、アカブチムラソイにまとめられている。ねらって釣れるぐらいに数は多いし、時期によってはモンスタークラスも食ってくる。しかし、磯ロックのターゲットとしての扱いは、決して高いとはいえない。ベッコウゾイかと思って喜々として浮かせたらムラソイが顔を出して肩を落とした……などという話をよく聞く。

他の根魚と同じように磯や堤防に生息しているにもかかわらず、積極的にねらうアングラーは少ない。おそらくズングリとした容姿と、掛かってからのファイトが物足りないところに理由があるような気がする。ライトゲームのターゲットとしてはカサゴと並んで人気なのに、何とも不憫《ふびん》な魚である。ちなみにムラソイをねらうのであれば梅雨時期が熱い。大洗や日立など茨城の海岸をはじめ、各地で稀に2kgを超えるモンスターが差してくる。

私は他の根魚をねらう際の目安にする。ムラソイが釣れるなら、○○も釣れる！　といったぐあいだ。特に数が望めない尺メバルをねらう時は目安になるムラソイの存在がありがたかったりする。

普段は50ｍ以深に生息するマゾイ（キツネメバル）も秋から冬にかけてと、春から初夏の出産期（胎生魚で交尾は秋から冬に行なわれる）には浅場で姿を拝むことができる。初冬の岩手でアイナメをねらっていると、よくヒットするように感じる。北海道ではプリスポーンの季節になると50㎝オーバーも出るので人気の

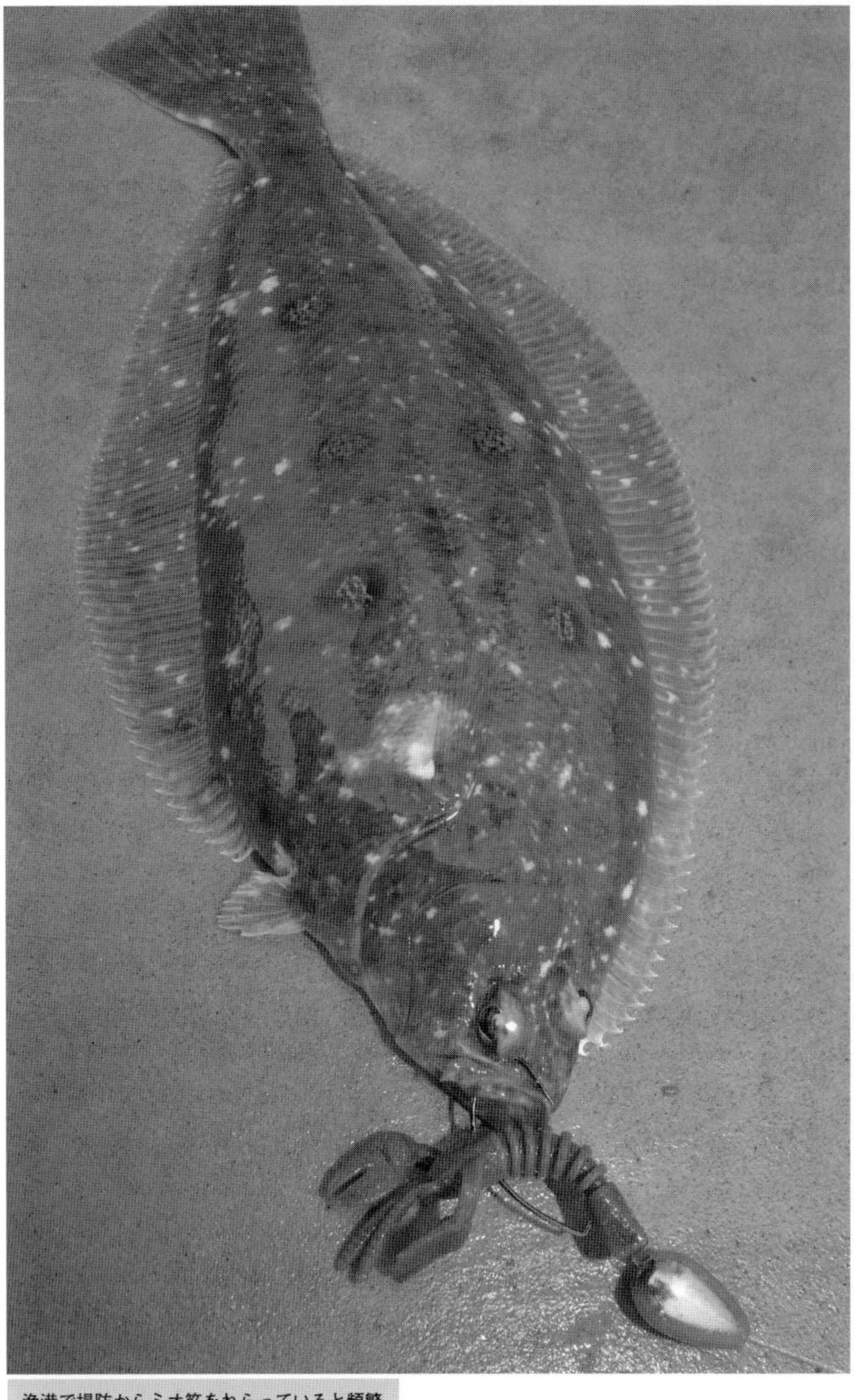

漁港で堤防からミオ筋をねらっていると頻繁にカレイが顔を出す。甲殻類を好んで食べるので『パルスクロー』に好反応を示す

Q. 三陸海岸では3魚種の他に大型根魚は釣れないのか？

A. ムラソイやマゾイに関しては2kg級が顔を出す

◀ベッコウゾイと同じように2kg級が出るにもかかわらず不人気のムラソイ。小型は漁港で年中見かけるが、50cm級ともなればレア。しかし……

◀やはり砂が絡む岩場でヒットするヒラメ。強烈な引きはさすが。フィッシュイーターの中でも人気の高いターゲットである

入り組んだ三陸海岸は当然ながらシーバスが多い。磯周りで見かける時期は、専用タックルでねらう

あるターゲットだ。東北ではシャローに差すタイミングがシビアで、ねらって釣るのが難しく、なかなか主軸にはならない。浅い磯の多い宮城では滅多に釣れないこともマイナーな理由だろう。

釣れてうれしい魚の筆頭といえばヒラメ。ビッグワームでもクロー系でもヒットする。ただし磯場では砂地が絡まないと、なかなかお目にかかれない。岩が点在するサーフでメバルをねらっていると日中にヒットすることもある。堤防の先端からミオ筋をねらうなど、砂地が絡むポイントがあれば漁港周りもねらいめだ。ヒラメと同様のポイントではマゴチもヒットする。大型のフラットフィッシュがヒットすると、やはりうれしいゲストなので思わず小躍りしてしまう（笑）。同じように砂地ではカレイもよく食ってくる。マツカワガレイやムシガレイ、ナメタガレイ、マコガレイ、クロガシラガレイといった高級食材がヒットする。

磯ではシーバスもよく姿を見せる。5月の中旬から梅雨にかけて専門にねらうこともあるが、時折り磯ロックのワームにも食ってくる。80㎝クラスが掛かると強烈なファイトが味わえる。また、東北の磯では目の前に青もののナブラが沸くことがよくある。そんな時はビッグワームやクローワームをナブラの進行方向にキャストして、魚の鼻っ面をかすめるようにスイミングさせてみる。やはり青ものも根魚と同じで、ベイトフィッシュを追いかけてスイッチが入ったら目の前で動くものには何でも食らいつくようで、豪快に引っ手繰られる。

磯ロックでは魚のキープはおすすめできない
たとえ1尾でも帰り道の体力的な負担になる

魚の扱いは素早く。冬はまだしも夏はすぐに弱ってしまう。特に夏は日差しで熱せられた岩場に直置きしないこと

▲産卵絡みの魚は優しく扱うこと。アフタースポーンの個体はすでに産卵でダメージを負っているので、自力で泳ぎだすまで介抱するイメージでリリース

◀メジャーをあてた計測は手早く行なう。魚は濡れた（濡らした）場所に置くこと

堤防は内向きにリリースする。テトラが入っている沖向きは足場が悪いので無理な体勢は危険。あまりにも足場が高ければ、タモに入れて放すとよい

私は磯ロックでキャッチした魚は、基本的にすべてリリースしている。もちろん資源の枯渇を防ぐ意味もあるが、帰り道のきつい行程を考えると１尾の魚ですら、ものすごく負担になるからだ。小物や食料などはデイバッグとゲームベストにまとめて必要最小限の装備で磯を目指すので、かさばるクーラーボックスなどは一切持っていかない。

持ち帰りたいのであれば冬がおすすめ。海水で濡らしたドンゴロスなどに入れておけば、そうそう傷むこともないと思う。夏場は速やかにリリースしたほうがよい。ちなみに傾斜のキツイ磯場にクーラーを持ち込もうなどとは、くれぐれも考えないことだ。重い荷物を背負った状態で急斜面を下るのも危険だ。なるべく身軽にして、ケガから身を守ることを優先しよう。

釣った魚を持ち帰って食べたいのであれば、堤防やサーフなど楽にエントリーできる場所でサオをだすことをおすすめする。駐車スペースから近い場所ならばクーラーを持参してもそれほど大変ではない。私はロックフィッシュはどれも基本的にはリリースしているが、カレイやヒラメが釣れた時などは状況により持ち帰って美味しくいただくこともある。根魚も食味に優れる魚だが、ナメタガレイやマツカワガレイは別格だ。

もちろん際限のないキープは場荒れにつながるので、持ち帰るのは必要な分だけにしたい。なお、この先も磯ロックを長く楽しむためにも、産卵を控えている個体は必ずリリースしてほしい。

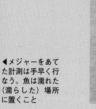

塩津紀彦　ロックフィッシュ激釣バイブル

磯に潜む危険&テクニック

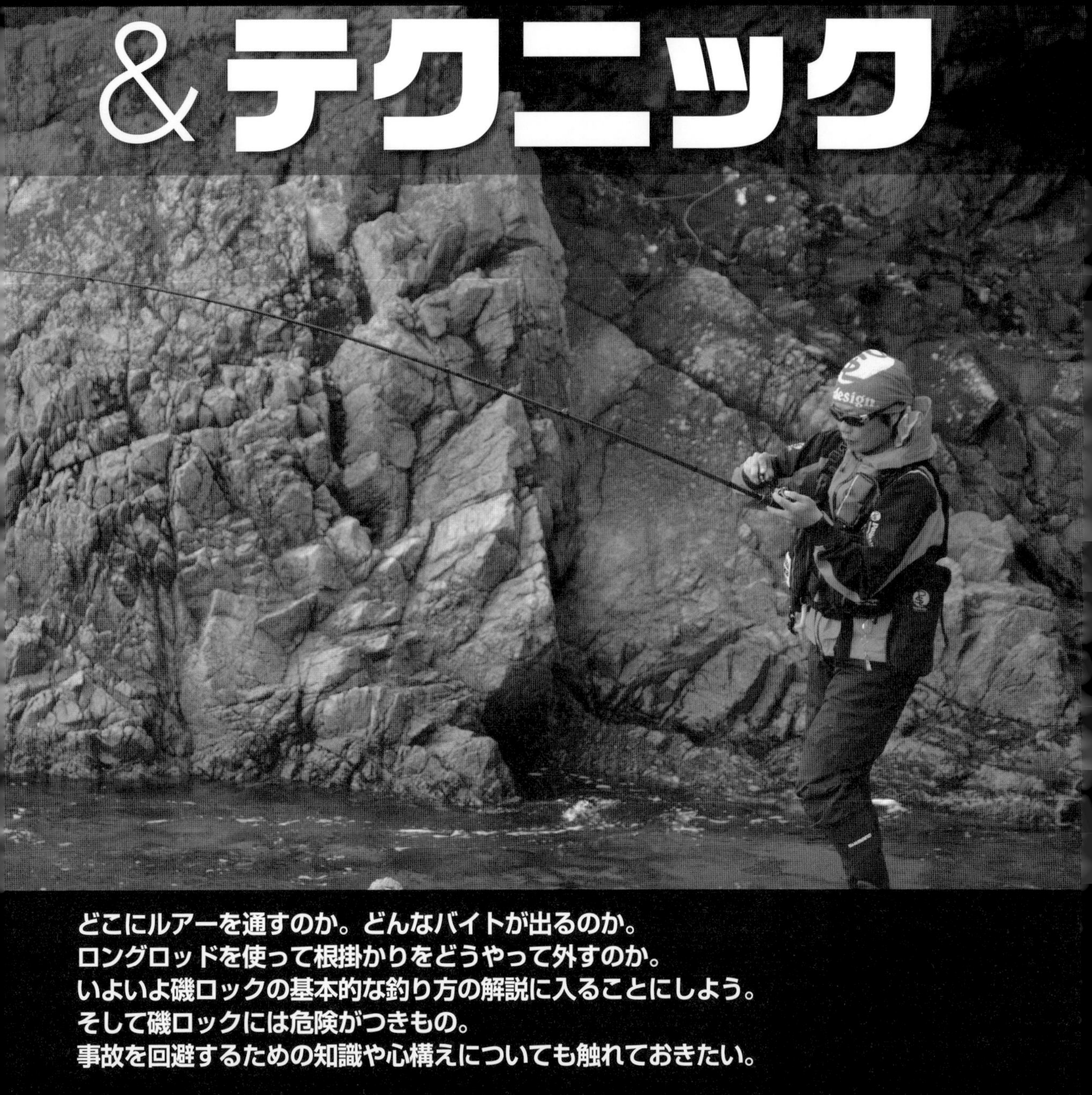

どこにルアーを通すのか。どんなバイトが出るのか。
ロングロッドを使って根掛かりをどうやって外すのか。
いよいよ磯ロックの基本的な釣り方の解説に入ることにしよう。
そして磯ロックには危険がつきもの。
事故を回避するための知識や心構えについても触れておきたい。

磯に潜む危険 1 足場の確保は慎重に

事故の大半は荒天時に発生 天気が崩れたら釣りに行かない

磯は足場も滑りやすく不安定なところも多いので事故が多く、無理をしたがために起こってしまった危険な事故の例もあとを絶たない。安全に楽しむためにも危険な状況をしっかりと理解することが大切

雄大な三陸海岸。日和に恵まれると日頃溜まったストレスも霧散するほど気持ちがよい。これが一旦荒れると表情がガラリと変わる。この海岸で起きている事故の多くは無謀なエントリーが原因。「こんなに荒れてるのに磯に下りたのか⁉」という信じ難い事故が残念なことにほとんどを占めている。強風、高波、大雨……。絶対に自然をナメてはいけない

今もなお磯ロックでは事故があとを絶たない。高場からの滑落、滑る岩に足をかけて転倒、高波にのまれるなど、磯に潜んでいる危険は多い。

それでは、どんな時に事故が起きているのだろうか？ 実は過去に起きた事故の大半が、荒天や海の荒れをおしての釣行に原因がある。自分の中では「これぐらいなら大丈夫…」と出かけるのだろうが、荒天の釣行は危険度５００％増しになると考えてほしい。開けた高場を歩いていたら突風にあおられて滑落。徐々に波が高くなり、最終的に巨大な波が押し寄せてさらわれる。雨で地盤が弛んでいたところに足をかけて転落。これらは誰にでも起こり得る。磯ロックの鉄則は「天気が崩れたら磯には行かない」だ。

荒れた天気の日以外にも磯には危険がいっぱいだ。波打ち際の岩を歩く際に注意したいのが海藻。ノリの生えた岩の上を歩く時が特に危ない。スパイクシューズを履いていればたいていの場所でピンが効くので滑らないが、肝心のピンが減っていたり岩肌がスパイクの効かない硬い一枚岩だったりすると、滑り落ちることがある。見た目は大したことのない斜面でも、海藻が付着した岩の上で滑りだしたらもう止まらない。落ちたら落ちたで這い上がることもままならない。ノリで茶色くなった岩には乗ったり足をかけないように注意すること。

海藻が生えていなくても、滑りやすい岩ややもろく割れやすい岩もある。危険なのは宮城県石巻市雄勝などで見られる黒くて硬い雄勝石。割れた岩の断面が黒光りする

Q. なぜ釣り場の事故があとを絶たないのか？

A. 「これぐらいなら大丈夫」という安易な自己判断が重大事故を招く

磯には荒天時にエントリーしないこと。天候に恵まれてこそ楽しめるジャンルだということを肝に銘じてほしい。事故を起こしてからでは遅いのだ

タックルや魚を持って岩場を移動する際は、必ず岩側の手を自由にさせておくこと。両手がふさがった状態で足場の悪い岩場を歩くのは非常に危険だ

硯石系の岩で、三陸海岸のフィールドでは普通に見かける。この岩はスパイクのピンがまったく立たない。しかも岩のエッジがナイフのように鋭利なので、転倒して手をつくだけでもざっくりと切れてしまう。雄勝石の岩場を歩く際は、一枚岩に足を乗せないこと。傾斜がきつくなく、細かく割れてピンが引っ掛かる場所を選んで歩くように心がけること。

波に洗われて角がなくなった岩も危ない。本来はスパイクが効く岩質でもツルツルになっているので慎重に移動したい。ゴロタ浜の岩と同じだが、ゴロタ浜なら転倒してケガをする程度（それでも充分危ない…）だが、磯場でこのような岩質のところで転倒して滑落してしまうと、つかまる場所がないので陸に上がることができなくなる。このケースの事故が非常に多い。丸く磨かれた岩には安易に乗らないように気をつけてほしい。

風化して崩れた岩肌にも注意したい。岩が月日を経て砂に変わる……。言葉だけなら風流な感じだが、実際に歩くとかなりエグい。一見スパイクが効くような岩に見えるのだが、足を置くと崩れ落ちるのだ。力を入れてもボロボロ崩れるばかりで前に進めない。大きな岩にもかかわらず、乗ったら割れて崩れ落ちることもある。このような危険な場所が三陸の磯には点在するのだ。触ったり歩いたりしてボロボロ崩れる箇所があったら、歩きやすそうな岩でも乗らないこと。磯場では不意に足場が崩れても、次の一歩を置ける足場を考えながら、ゆっくり確認しながら歩くことが大切だ。

磯に潜む危険 2 磯ロックの心構え

磯ロック上達に欠かせない愛と気合いと勇気とは

釣りは自然の中に身を置いて楽しむレジャーゆえに危険が潜んでいる。そのなかでも磯ロックは地磯が主なフィールドだけに事故が絶えない。冷静に判断して、少しでも危険を感じたならば、速やかに撤収すること

穏やかな雰囲気は、まさに磯ロック日和である。遠目から眺めても海が凪いでいることが分かる。これなら安心してフィールドに向かうことができる。しかし、くれぐれも慎重に。自然は突然牙をむく。磯でライジャケも着ずに下はスニーカーという軽装のアングラーを見かけるが、それは無謀だ。磯から転落したら泳げても、そう簡単に上がれるものではない。さらに波に押されて岩場に叩きつけられたらタダではすまない

時折り「磯ロック上達に必要なことは何ですか？」という質問を受ける。フィールドを分析する知識やキャスティング精度といったテクニック面のアドバイスを期待しているのかもしれないが、もっと根本的なところに核心があると考えていい私はいつも「愛（情熱）と気合いと勇気が上達の秘訣ですよ」と答えている。

「愛（情熱）」とは、魚に振り向いてもらうための努力。もっと相手のことを深く知りたいという恋愛にも似た気持ちだ。その気持ちがあってこそ、知識や技術が身につくというものである。

次に「気合い」。磯ロックは何を隠そう体力勝負なのだ。切り立ったリアス式海岸を主戦場とするのが磯ロック。特に磯ロックの聖地である東北の三陸海岸へのエントリーは、あらゆる釣りの中でもトップクラスにしんどいはず。よほどの強い気持ちがなければランガンできないし、足しげく通うことなど到底無理だ。1日とおして急斜面や悪路を歩き回るには、気合いと相応の体力が求められる。普段の生活から体力をつける努力を惜しんではいけない。筋力トレーニングや体重の増減など、日頃の体調コントロールが重要なのだ。

そして、肝に銘じてほしいのが「勇気」である。危険な足場を不用意に歩き回り、高波をも恐れずに岩場に立つ勇気……という意味ではない。磯ロックに求められるのは「あきらめる勇気」と「引き返す勇気」だ。たとえば、山を越えて谷を下り、苦労の末にたどり着いたにもかかわらず海が荒れていた時。磯ロックではよ

Q. 磯へのエントリーをあきらめる基準はどこ？

A. できるかな？　いけるかな？　と疑問符がつく状況は迷わず撤収

前ページの穏やかな磯も、ちょっと荒れただけで波が上まで駆け上がってくる。波打ち際に立っていたらひとたまりもない。外洋に面したフィールドが危険でも、湾内ならねらえる場所があるかもしれない。頭を切り替えて、次のポイントを目指そう

駐車スペースから林道をえんえん1時間も歩いて、さらに山に分け入って谷を1時間かけて下る。それで海が荒れていたら泣くに泣けない。その気持ちは痛いほど分かるが、ケガもなく戻ってこそ次のチャンスがある

くあることだ。「せっかく来たのだから勇気を出して釣り場に入ろう」と考えるのはあまりに無謀だ。

誰が見ても無理だと分かるほど海が荒れていたならばあきらめもつくのだが、問題は〝やや〟荒れている時だ。必死に歩いた努力がムダになるばかりか、降りてきた道を今以上に苦しみながら登るという拷問を前に、うなだれたくなる気持ちは痛いほど分かるが、わずかでも「本当に大丈夫かな？」と感じたら、勇気をもって撤退すること。遠目に観察していると大丈夫そうに見えても、磯に下りたら微妙なこともある。何とかできそうな場合でも、数時間に1回の割合で不意に上がってくる大波にさらわれる可能性がある。逸《はや》る気持ちを抑えきれず、安全確認を怠って事故にあう人があとを絶たない。磯へのエントリーは、くれぐれも慎重のうえにも慎重を重ねてほしい。

また、無事に磯へエントリーできたとしても「頑張って飛べば絶好のポイントに入れそうだ」とか「この急な崖を無理して下りれば、あの岩場に入れそうだ」などと危険な思考に陥りがちだ。磯ロックに魅入られるほど、抜群のフィールドに入ると大量のアドレナリンが出て、冷静な判断ができなくなる。他人が行かないエリアや入れないエリアを探しては降りたくなるのだ。あちこちに危険が潜んでいることを忘れず冷静に行動すること。

自然の中で楽しむ釣りは危険と隣り合わせ。なかでも磯ロックは命を落とす危険すらあることを、まずは肝に銘じてほしい。

磯に潜む危険 3 安全な場所への釣行

釣行前夜の天気予報を参考に風裏や波裏の磯へエントリー

**天気予報から波高や風向きを調べて釣行するエリアを絞り込む。
魚の行動パターンだけにとらわれず、自然に逆らわない選択が腕の見せどころだ。
磯ロックは宝探しの冒険。危険を回避しながらパラダイスを探そう**

▲外洋が荒れていても、湾内の奥に造られた漁港ならベタナギということも。慣れないうちから磯にエントリーしようと考えず、まずは漁港から始めてみるのもよい

▼常に海の観察を怠らないこと。少しでも荒れてきたな……と感じたら、すぐに撤収できるように準備しておく

山を越えて谷を下ったからといって、必ず釣れるものではない。次のポイントに向かうため、すぐに来た道を戻ることもある

山道や林道を歩いて、いよいよ目的地の磯が見えてきた。「早く釣りがしたい！」と逸る気持ちは分かるが、ここで気を引きしめなければならない。なぜなら三陸海岸は、最後に急斜面を下って磯に入る場所が多いからだ。

草が生い茂る春から秋にかけては、下りルートに草が覆い被さっているので、通い慣れたフィールドですら「どっちだろう？」と悩むことが多い。常に人が入って降り口ができているような磯なら問題ないが、新規の場所などは足元が草で見えないので不意の窪みに足を取られることが多い。足元がよく見えない場所では細心の注意を払い、一歩一歩確認しながら進む。暗くて足元があまり見えない時間帯は避けるべき。宮城から岩手にかけての磯場は、直角に切り立った断崖絶壁が草で隠れて見えなくなっていたりする。充分に警戒しながら歩くことだ。

落葉の季節も注意したい。この時期は磯へ降りる斜面に広葉樹の落ち葉が積もるのだが、普段は何てことのない斜面でもスパイクのピンの長さよりも深く葉が積もると、途端に滑りやすくなる。時間はかかるが、足元の葉をどけながら降りるルートを確保しながら進むこと。

磯に降りたら、次は波に注意を払おう。ナギであるにもかかわらず、突然大きなウネリが入ってくるのが三陸海岸なのだ。特に沖合いを低気圧や台風が通過したあとは、しばらく警戒が必要だ。

磯の上では不意の大波に備えて常に体を沖に向け、海には背を向けないこと。大きく波が引いた次に大波が打ち寄せるこ

Q. 磯に降り立ったら、まずは何をすべきか？

A. 磯ロックで大切なことは安全の確保。自然は突然に牙をむく

外洋が荒れて外磯が白波に覆われていても、湾内磯の風裏では普通に釣りが楽しめたりする。事前に天気予報をチェックして、どのエリアにエントリーするか決めておきたい

足場が不安定な場所では、魚のランディング時も足元に注意すること。無理にすくいにいって落水しないよう、一気に抜き上げたほうが安全だ

三陸海岸は切り立っていることが多い。この急斜面に落ち葉が積もっていると非常に危ない。スパイクのピンが入らないまま不用意に降りようとすると、一気に下まで滑落する。一歩一歩慎重に足場を確保しながら降りること

とが多いので、気づいたら急いで高い足場に避ける。私はいつでも退避できる高い足場を確認しながら釣りを楽しんでいる。これは磯ロックに限らず、どのジャンルの釣りでも同じだ。常に沖の波に注意を払うことがケガから身を守るのだ。

もっともウネリが直撃するようなポイントはロックフィッシュゲームには向かないので、波裏のポイントへ移動することが安全面でも釣果面でも重要なポイントになる。ちなみに波の方角や高さは「GPV気象予報」を参考にするとよい。簡易的なものならばヤフー天気や気象庁の波浪予報でも事前に調べることが可能だ。私は前夜に発表される波の強さや方角の予報を見て、釣行先とエントリーするエリアを決めている。

シーズナルパターンにとらわれるばかりではなく、風裏や波裏になる磯にエントリーすることが磯ロックの基本である。天候と海況、それにともなう魚の行動を推測して釣行先やエントリーする場所を決める。磯ロックフリークの腕の見せどころだ。

磯ロックは宝探しの冒険。誰も知らないポイントを探したり、絶景の磯でサオをだしたりと魅力にあふれている。しかし、冒険には危険がつきもの…。リスクをしっかり覚えて安全意識を高め、危険回避に役立ててほしい。「行ってきます」が最後の言葉にならないよう、最大限の注意と万全の装備をもって磯ロックに臨んでいただきたい。無事に帰宅して「ただいま」と玄関に入るまで気を弛めないように注意していただきたい。

磯に潜む危険 4 行程中の山道

三陸の山にはクマも出る スズメバチなどの活動期も注意

釣りの話とは到底思えないが険しい山に分け入ってエントリーする磯ロックは、さまざまな動物や昆虫と遭遇する。それがすべて友好的なら問題ないが、クマやスズメバチといった危険な動物も少なくない

▲初夏から秋にかけての草木は生命感にあふれる。林道を歩いているだけなら非常に気持ちよいのだが、磯に向かうために分け入る必要がある

◀東北自然遊歩道の「新・奥の細道」

▶まるでジブリの映画のような光景に出くわすこともある。冬は視界も開けるので、景色を愛でながら山歩きを楽しもう

磯ロックは釣り場にたどり着くまで長く険しい山道を歩くケースが多い。そんな磯ロックの聖地である三陸海岸の森には、招かれざる危険生物も生息している。

▼クマ／猛獣のツキノワグマにだけは出会いたくないものだ。常にクマ鈴やホイッスルを携帯し、クマに人の接近を気づいてもらうことが大切だ。元来クマは臆病なので、積極的に人を襲うことはない。襲われるのは不意にハチ合わせしてクマがパニックに陥った時と子連れの場合。エサを食べるのに夢中になっていると、クマ鈴などに気づいてもらえないこともあるようだ。人の存在に気づけば、たいていのクマは逃げていく。こちらもクマの存在に気がつかないで追いかけるかたちになると危ない。クマの気配を感じたら、慌てずゆっくり後退して車に戻ろう。

もし、お互い正面で出会ってしまった場合は、目をそらさないようにしっかりクマを見つめながら後退して徐々に距離を広げていく。パニックに陥って背中を見せないことだ。最近は厳寒期でも沿岸部のクマは冬眠しない個体が多いそうなので、冬でも充分に警戒してほしい。

▼ハチ／ハチの中でもトップクラスに危険なのがオオスズメバチとキイロスズメバチ。冬にお目にかかることはないが、夏から秋にかけては高確率で遭遇する。うっかり巣に近づくと、カチカチと歯を鳴らしながらこちらへ偵察にくる。その警告に気がつかないまま巣に近づくと、攻撃対象として認識されて警報フェロモンを吹きつけられる。そのフェロモンが体に付着するとスズメバチが大群で襲って

Q. 危険な動物に遭遇しないためには？

A. クマにはこちらの存在を気づかせ、スズメバチは巣に近寄らない

自然豊かな三陸海岸にはさまざまな生き物が暮らしている。サルの群れに遭遇することもあるので要注意だ

シカが多い場所にはダニも多い。万が一マダニに咬まれたら感染症の疑いがあるので、速やかに医療機関を受診すべき。火を近づけるなどの民間療法は成功することもあるが、無理矢理はがすと感染リスクが上昇するので推奨できない

動物や昆虫が多いのは自然が豊かな証拠である。万全の装備で四季折々の三陸海岸を感じてもらいたい

くる。これは大変危険な状況だ。

警戒音を出しながらスズメバチが近づいてきたら、すぐに来た道を走って戻って距離を取ること。もしフェロモンをかけられてしまった時のためにも、スズメバチ撃退スプレーを持ち歩くことをおすすめする。ただしスズメバチ撃退スプレーは一時的な効果しかないので、スプレーを使って危険を回避したあとは、すぐに走ってその場を離れることをお忘れなく……。

▼ダニ／存在を気づきにくいという意味では最もたちが悪い。温暖化の影響で殺人ダニの被害が北上している。草むらを歩くとかなりの確率でダニが体に付着するエリアが三陸の山には存在する。ニホンジカやカモシカの多いエリアは特に注意が必要だ。ダニとあわせてツガムシにも警戒したい。秋田や宮城では夏になるとツガムシ病に感染する被害が出ている。

ちなみにSFTSウィルスを持ち歩いて危険視されているマダニは、ダニのなかでも大きいので体に付着すると目視で発見できる。草むらを歩いたあとや釣りから上がり車であと片付けをする際に念入りにチェックして、衣類の中に入り込まれる前に撃退する。虫除けスプレーも多少は効くので、効き目を強く持続させるため、山を歩きながらも小まめに吹きつけるとよい。

この他にも三陸の山ではマムシやヤマカガシ、ヒル、アブなどが行く手を阻む。冬でも汗びっしょりになる山歩き。梅雨期になると気温とともに湿度も上昇。不快感が増して薄着にしたいところだが、山では絶対に肌を露出させないことだ。

テクニック 1 漁港の釣り方

堤防で始めるロックフィッシュ タイミングねらえばモンスターも

タックルをひととおり揃えたら、さっそく海に繰り出して根魚をねらいたくなる。しかし、いきなり山に分け入って磯にエントリーというのは現実的ではない。まずは湾内の穏やかな漁港でロックフィッシュの釣り方を覚えよう

ベイトフィッシュの通り道でもあるミオ筋には、必ず魚が居着いている。根が点在していれば、思わぬ大ものをキャッチできるかもしれない

三陸海岸の漁港のかさ上げ工事が進んでおり、堤防が続々と造られて新しいテトラが投入されている。フィールドとして完全に復活するのも、そう遠い話ではないはずだ

まずは湾内に造成された漁港からロックフィッシュゲームを始めてみよう。堤防ならばスピニングタックルとベイトタックルの両方が楽しめる。日中のターゲットは主にアイナメとベッコウゾイ、夜になればクロソイが動き回る。漁港は外洋の海況に関係なくサオがだせる全天候型のフィールドで、よほど荒れないかぎり365日24時間安全に釣りが楽しめる。漁港は湾内の奥まった比較的穏やかな場所に造られるので外洋に面した磯にくらべると環境が安定しており、磯へのエントリーが厳しい日の逃げ場としても活用できる。

当日の活性や魚の付き場を手っ取り早くチェックするには、アピール力の強いワームから使う。これは磯でも同じ。波動の大きなワームを使って魚の反応を見て、それからワームの種類やカラー、サイズなどを調整する。港内に居着く30㎝までの小型であれば、テキサスリグだけでなくジグヘッドリグを使って探ればコンスタントにヒットするはずだ。

なお、デイゲームの釣り場は潮当たりのよい堤防の沖向きがメインになる。その多くはテトラが投入されており、根魚にとって居心地は抜群だ。そんな堤防の本命ポイントは先端周り。対岸からのびる堤防とのあいだを走るミオ筋（航路筋）をリフト&フォールで探る。時期によって魚の付くポイントが変わるので、なるべく遠投を駆使して広範囲を探りたい。

ミオ筋はベイトフィッシュの通り道でもあり、1年を通じてカケアガリの飛び根には根魚が居着いている。産卵を終えたアイナメが体力を回復するために集ま

Q. 堤防でも大型根魚は釣れるか？

A. 接岸の時期をねらいタイミングが合えば50㎝オーバーも手にすることができる

堤防でも魚が入るタイミングをねらえばモンスターを手にできる。プリスポーンとアフタースポーンのアイナメは、まさしくねらって釣れる魚。厳寒期の常夜灯周りもスイッチの入ったアイナメが待ち構えている

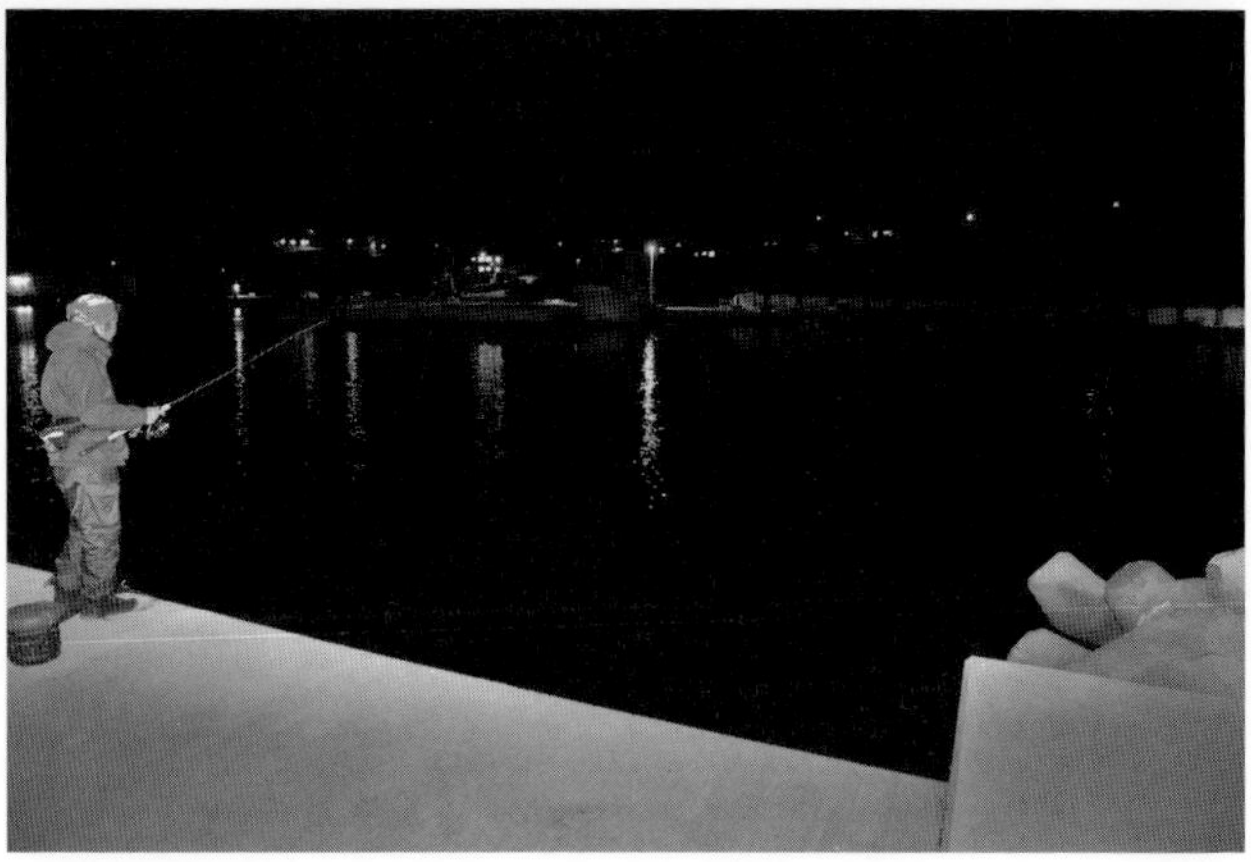

堤防の多くは先端をテトラ帯が囲んでいる。その内向きでテトラが途切れるあたりは必ず探りたい。地形変化に富む場所には、高確率でクロソイが潜んでいる

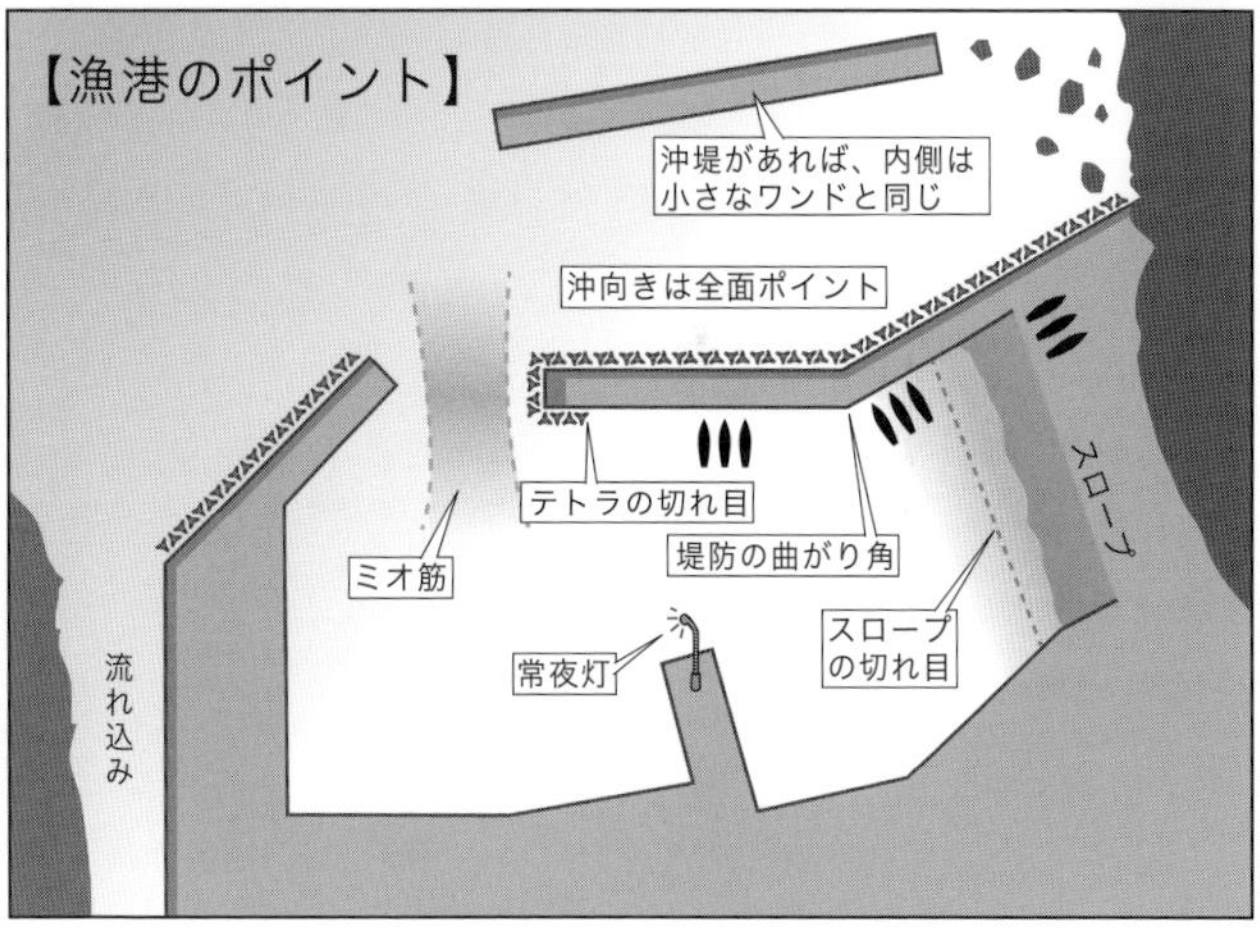

る場所でもあるので、初冬は必ずチェックすること。タイミングを合わせれば堤防でも50㎝オーバーの大型を手にできる。ちなみに水深さえあれば、潮の緩い堤防の基部もアフタースポーンのたまり場になる。ネストは堤防のテトラ帯の中に作ることが多い。いかにも釣れそうな雰囲気なのにアタリがない時は、タイミング的にオスがネストを守っている可能性が高い。

ナイトゲームのポイントは漁港内に多い。途中で堤防がクランクしている部分は見逃さないこと。たとえわずかな曲がりでも、そこは変化点として魚が付きやすい。そして、堤防基部のスロープ。スロープの切れ目は石積みになっていることが多く、砂地との切れ目などにソイやアイナメが居着いている。常夜灯周りや係留船の周りも要チェックだ。

堤防内向きのテトラの切れ目も必ずチェックしたい。いずれのポイントも時期を問わず30㎝までのクロソイがよく釣れる。また、エサが乏しい時期はベイトが集まる常夜灯周りがアイナメやソイたちの格好のエサ場になる。小さなミミイカが常夜灯の明かりに集まってきたら鉄板だ。

河口周りも見逃せない。春は雪代が流れ込むので厳しいが、川からサケの稚魚が降りてきたり、稚アユが川に入る時期は、河口周りがすこぶる熱い。

なお、くれぐれも立ち入り禁止場所でサオなどださないように。また、立ち入り禁止でなくても、漁業従事者の方々が作業していたら、くれぐれもジャマにならないよう気をつけていただきたい。

大きな動きが大物を呼ぶ ハイリフト&フォール

**ヘビーテキサスの波動をより遠くに潜む魚へ伝えるために
磯ロックではリフト&フォールが基本。大きく動かせば根掛かりを軽減できる。
しかも1回のストロークが大きいほどモンスター出現率がアップする**

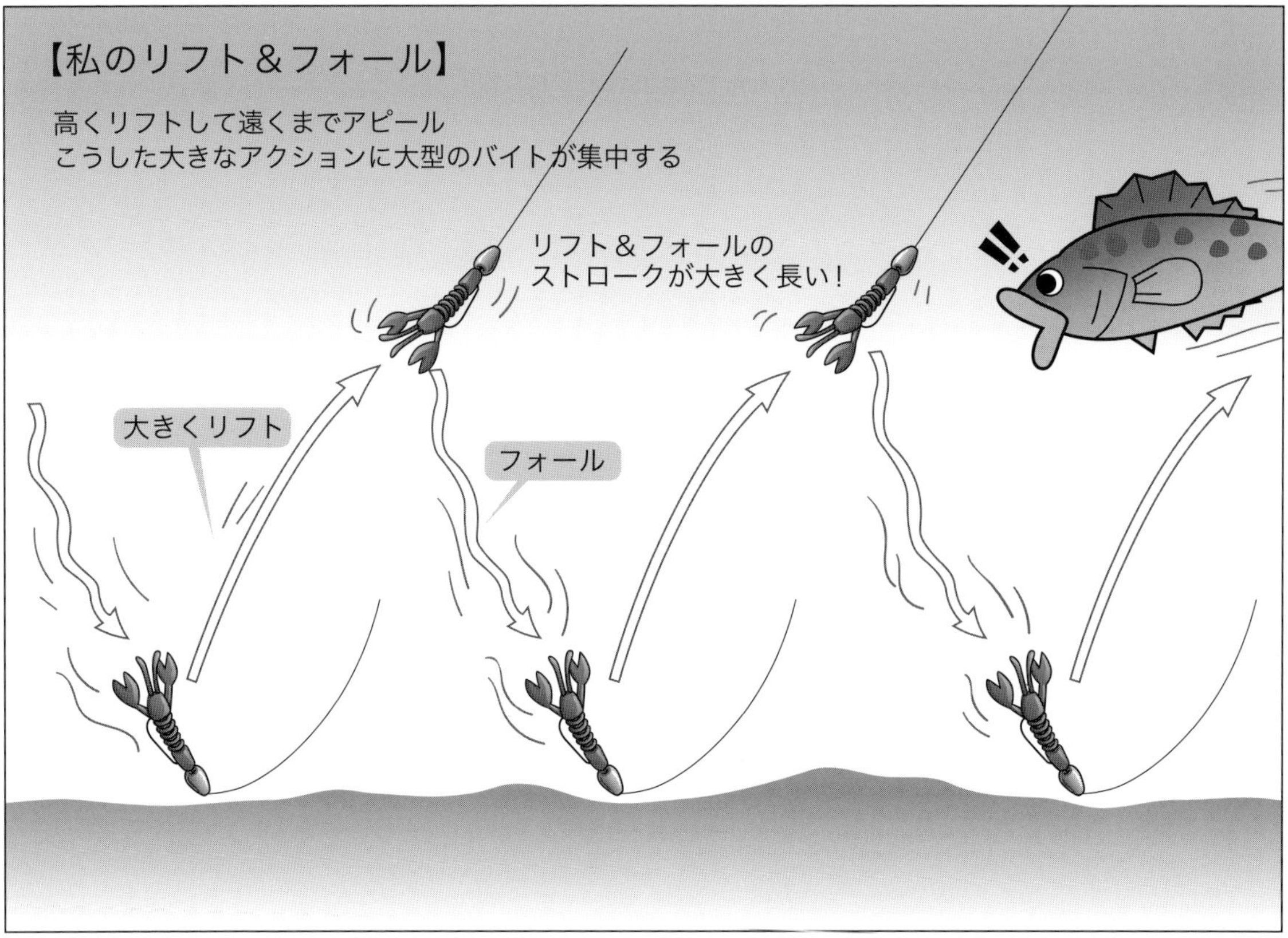
【私のリフト&フォール】
高くリフトして遠くまでアピール
こうした大きなアクションに大型のバイトが集中する
リフト&フォールの
ストロークが大きく長い!
大きくリフト
フォール

起伏に富んだ岩礁帯の凹凸をナメるように探るため、基本となるアクションはリフト&フォール。コツは「しっかりワームを見せる」ことだ。視覚と聴覚(側線感覚)を駆使して捕食することが多いロックフィッシュ。遠くの魚までしっかり存在をアピールするために大きくリフトする。大きく動かすことで水を揺らし、遠くに潜む魚の聴覚を刺激するのだ。

ここで重要なのは、魚が大型になるほど強くて長いストロークに反応するということ(小型や中型は短くて強めの波動が好き)。これに気づいてから試行錯誤を繰り返し、現在のハイリフト&フォールが私の基本スタイルになった。

イメージとしては、ロッドのレングスを生かしてグーッと高くワームを持ち上げ、頂上で一瞬でもいいので食わせのタイミングを入れてからフォールに移行する。ロッドは9時に構えて1時まで起こす。フォールは完全にテンションを抜くフリーフォールではなく、ややテンションを抜いたテンションフォールで底までワームを落とす。わずかにテンションを入れておくことで、吸い込むようなバイトもキャッチできる。その後リールでラインを巻き取りながらロッドを9時まで戻し、次のリフトへ移行する。これが基本。

なお、魚の活性が高い時やベイトフィッシュを追って横の動きに反応がよい時、より広いエリアをハイテンポに探りたい時はフォールをカーブフォールに切り替えている。

このアクションを充分に発揮させる意味でもロングロッドが有利。3mと2m

Q. 大型の根魚に対して有効なメソッドはあるのか？

A. 長ザオのストロークを生かしたハイリフト&フォールが抜群

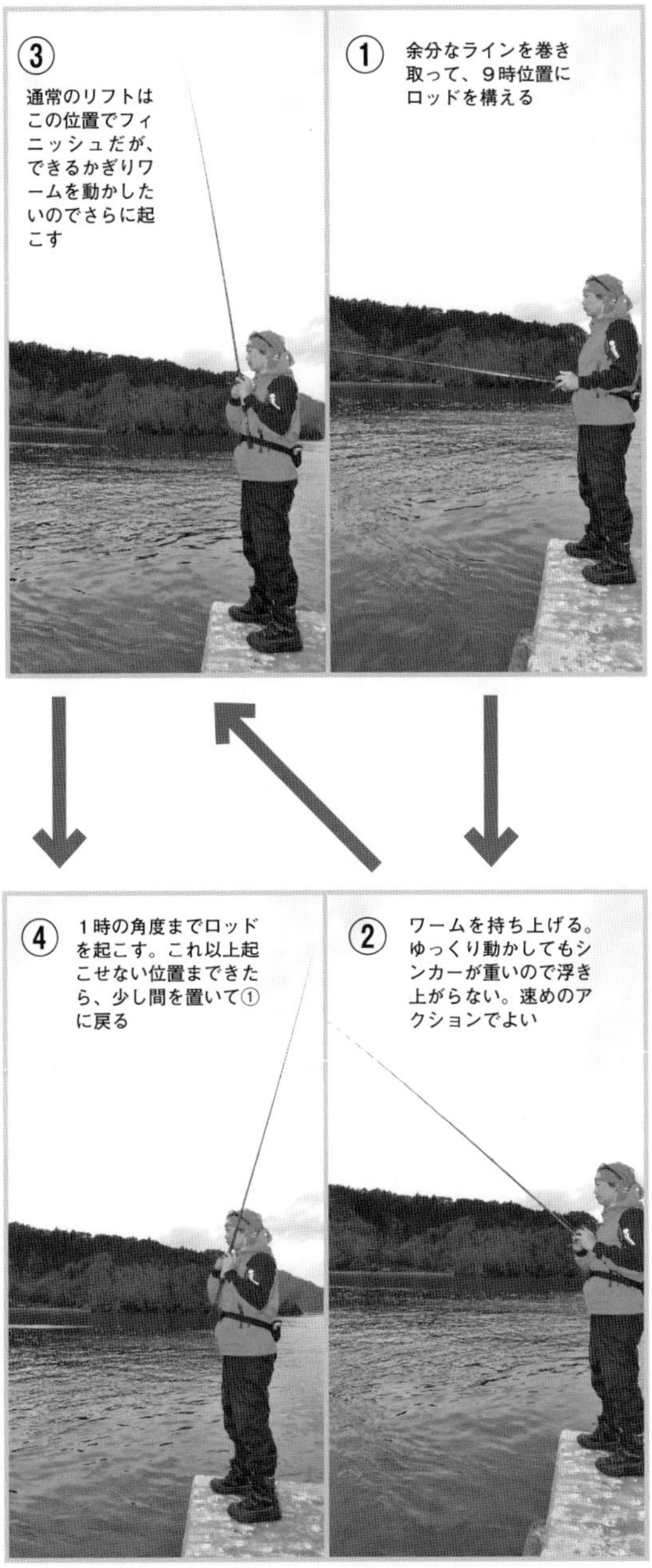

③
通常のリフトはこの位置でフィニッシュだが、できるかぎりワームを動かしたいのでさらに起こす
①
余分なラインを巻き取って、9時位置にロッドを構える
④
1時の角度までロッドを起こす。これ以上起こせない位置まできたら、少し間を置いて①に戻る
②
ワームを持ち上げる。ゆっくり動かしてもシンカーが重いので浮き上がらない。速めのアクションでよい

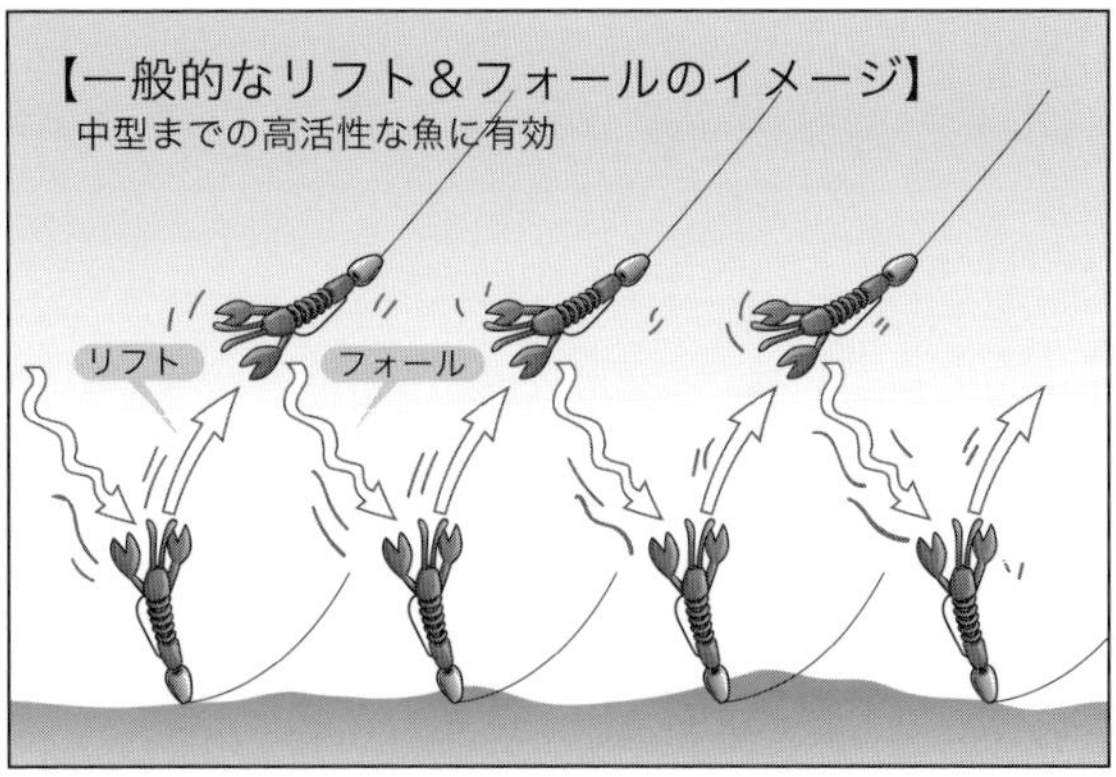

【一般的なリフト&フォールのイメージ】
中型までの高活性な魚に有効
リフト
フォール

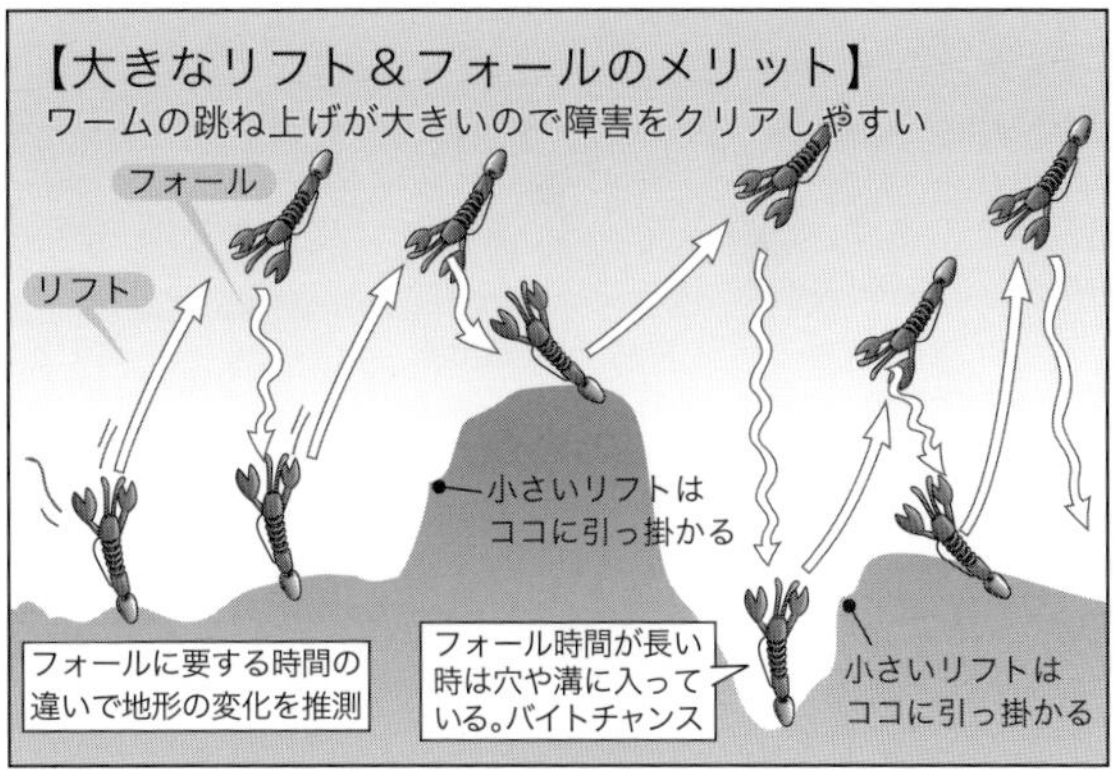

【大きなリフト&フォールのメリット】
ワームの跳ね上げが大きいので障害をクリアしやすい
フォール
リフト
小さいリフトはココに引っ掛かる
フォールに要する時間の違いで地形の変化を推測
フォール時間が長い時は穴や溝に入っている。バイトチャンス
小さいリフトはココに引っ掛かる

では、ワームを持ち上げられる高さが大きく異なる。ストロークの幅も広いので、より長い距離を1度のアクションで動かすことが可能になる。ロングロッドを使った大きなリフト&フォールは、根掛かりが少ないというメリットもある。

なお、ロックフィッシュは上方から落ちてくるモノに対しての反応がすこぶるよい。つまり、フォールで食ってくることが多い。なのでフォール時はラインの変化を見逃さないように集中すること。シンカーが底を転がったり、ボトムにタッチする瞬間は、手元に感じるより先にかすかな振動としてラインの動きに出る。着底が分からないとリグが転がって根掛かりを招く。その防止にもなるのでフォール中は特に集中すること。もちろん釣果アップに直結する。

テクニック 3 活性別アプローチ

活性に応じて攻め方を変え 低活性時は反射食いを誘う

とびきりのフィールドで釣りを開始したものの、反応が得られないことがある。魚は間違いなく付いているはずなのに食ってこない。どうやら活性が低い。しかし、そんな厳しい状況でも攻略する方法はいろいろとある

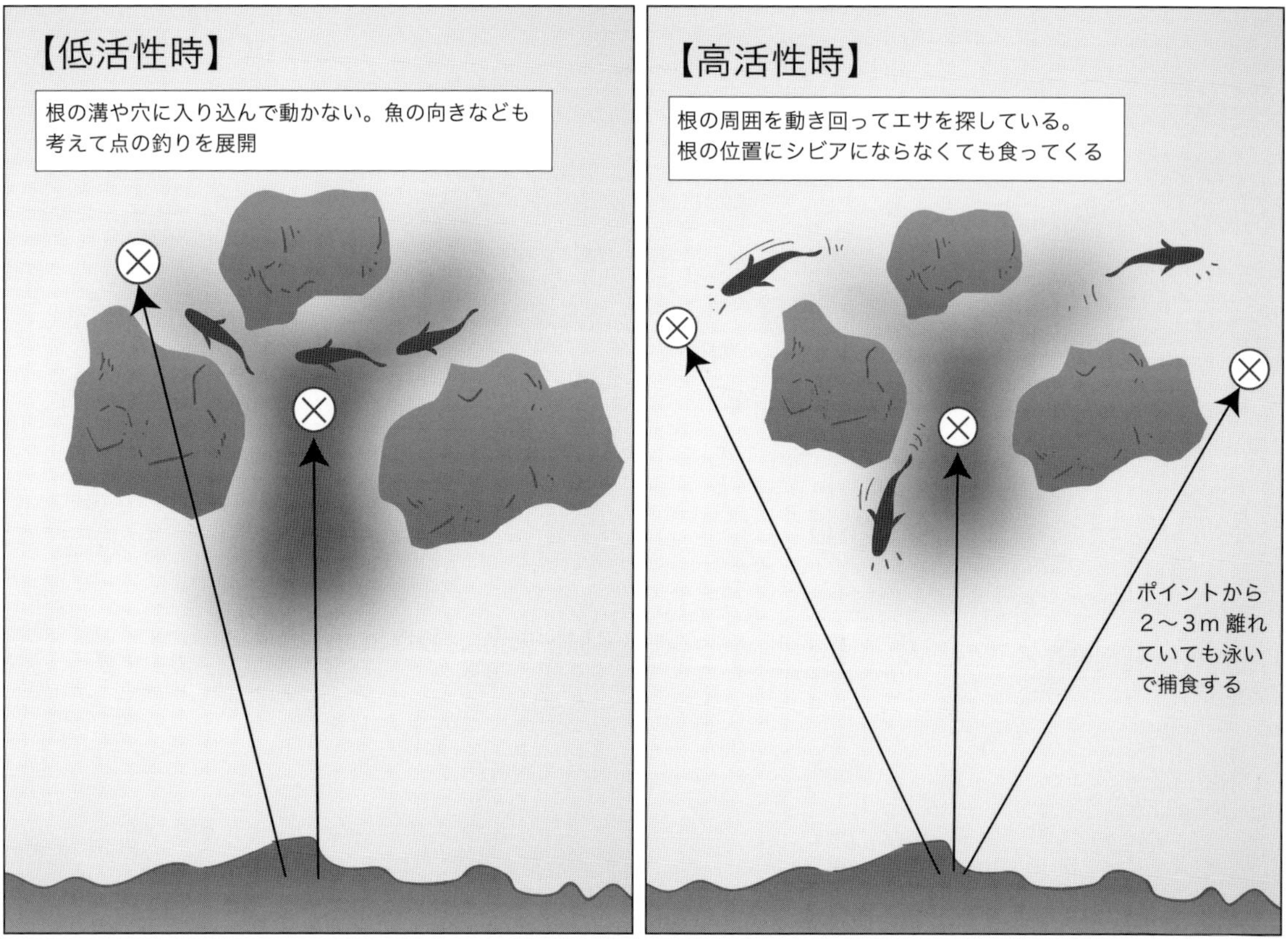

【低活性時】
根の溝や穴に入り込んで動かない。魚の向きなども考えて点の釣りを展開
【高活性時】
根の周囲を動き回ってエサを探している。根の位置にシビアにならなくても食ってくる
ポイントから2～3ｍ離れていても泳いで捕食する

活性の高いロックフィッシュに捕食スイッチが入ると、根の周りを積極的に動きまわってエサを探す。一方、捕食はするものの活性が低く休憩モードに入ると、根の際に居着くか根周りにサスペンドしている。

活性の高いロックフィッシュは、落ちてくるエサを見つけると多少離れていても飛び出して捕食するので、それほどキャスト精度にこだわらなくてもよい。しかし活性が低ければ低いほど、キャスト精度を上げなければ食わせられない。潮の流れる方向などを見ながらトレースするコースをしっかり考えて、ロックフィッシュの目の前にワームを通す。

完全にテンションが下がりきっている時は、暗部側に頭を向けてじっとステイしている。穴やスリットの隙間に入ってしまうので、攻め方としては非常にタイト。点の釣りを展開しなければならない。活性がやや低くてストラクチャーにタイトに付いていたりサスペンドしている場合は、魚が光の射し込む方向や潮の流れている方向に頭を向けているので、付いているであろうポイントの前方（明るい側や潮上）に落とすのが定石だ。

低活性な魚やプレッシャーがかかった魚は、リアクションに訴えることで無理やり口を使わせることができる。その方法は、魚の後方からルアーを近づけて、スッと口元に落とす。これは魚にワームを見切られないようにするための釣り方だ。あえて魚の後方にワームを忍び込ませ、瞬間的に視界の中に入れてやる。食い気のない魚でも反射的にワームをくわえ

Q. 食い渋って口を使いそうもない状況でも魚を釣ることはできるのか？

A. リアクションに訴えれば、食い気に関係なくルアーを口にすることもある

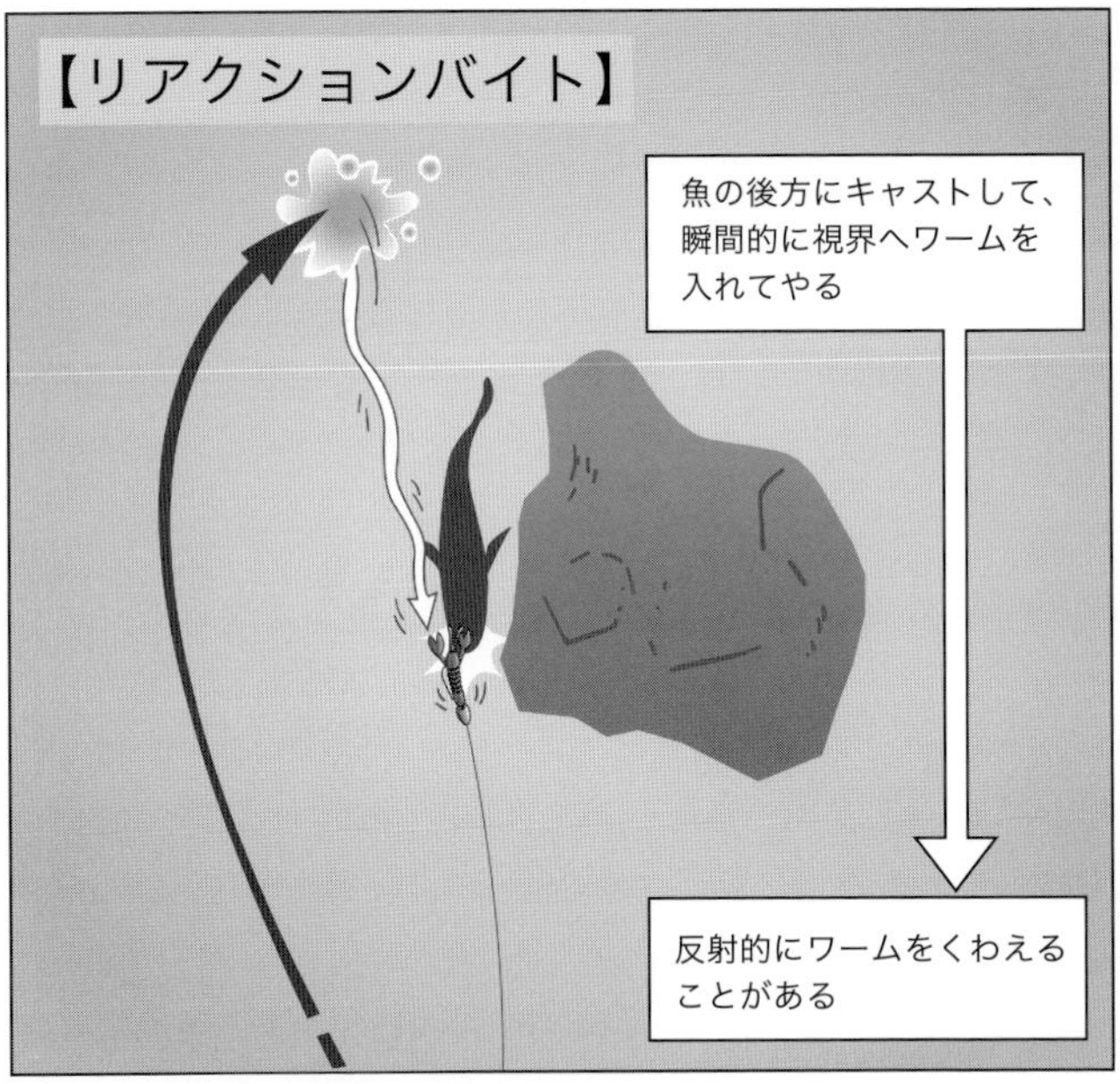

【リアクションバイト】
魚の後方にキャストして、瞬間的に視界へワームを入れてやる
反射的にワームをくわえることがある

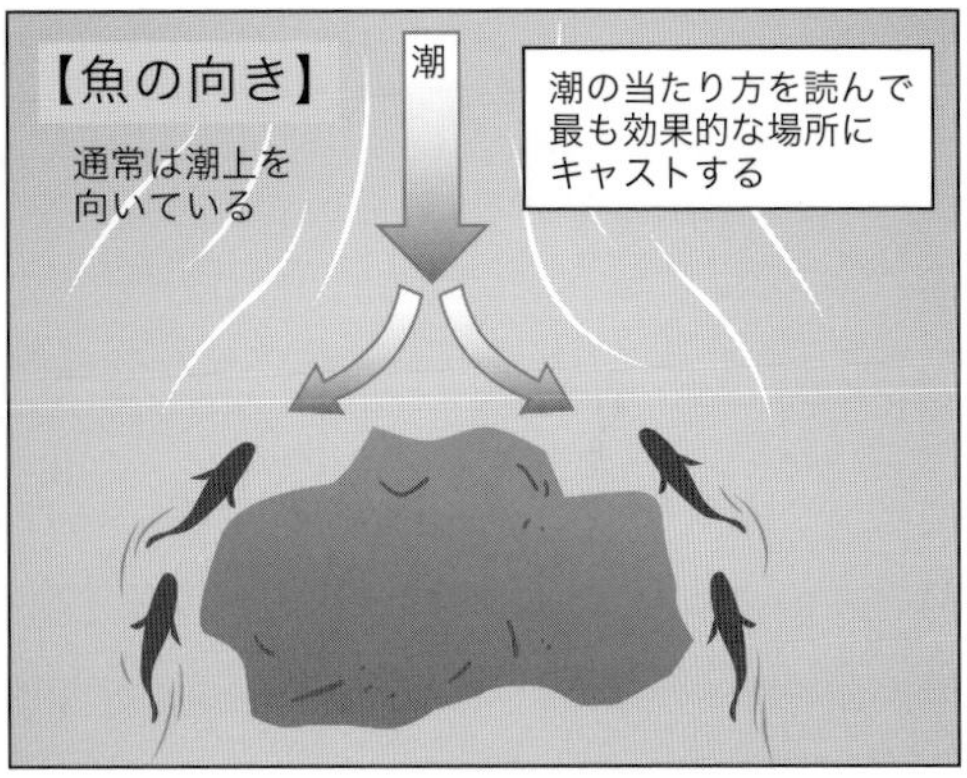

【魚の向き】
潮
通常は潮上を向いている
潮の当たり方を読んで最も効果的な場所にキャストする

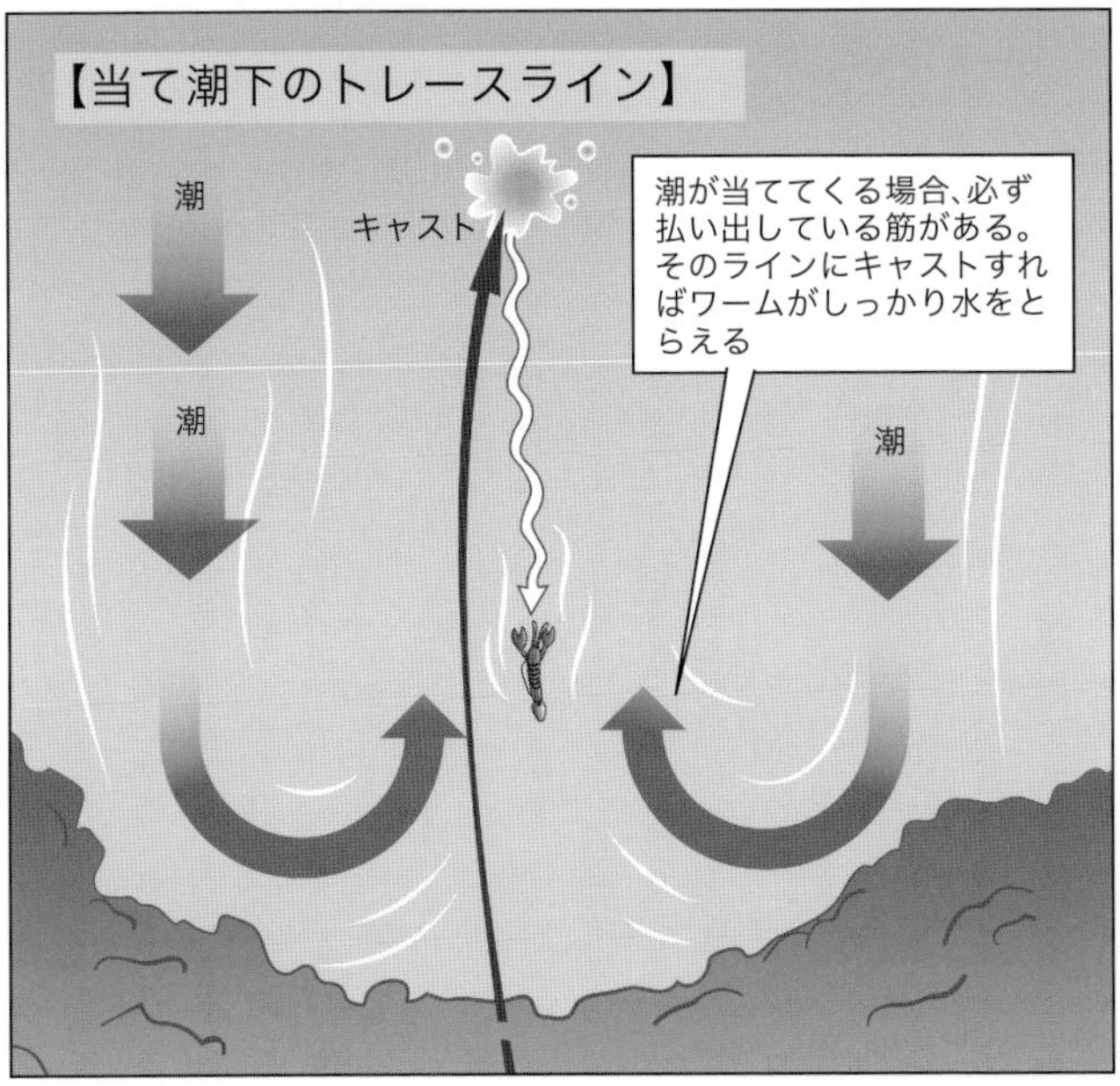

【当て潮下のトレースライン】
潮
潮
潮
キャスト
潮が当ててくる場合、必ず払い出している筋がある。そのラインにキャストすればワームがしっかり水をとらえる

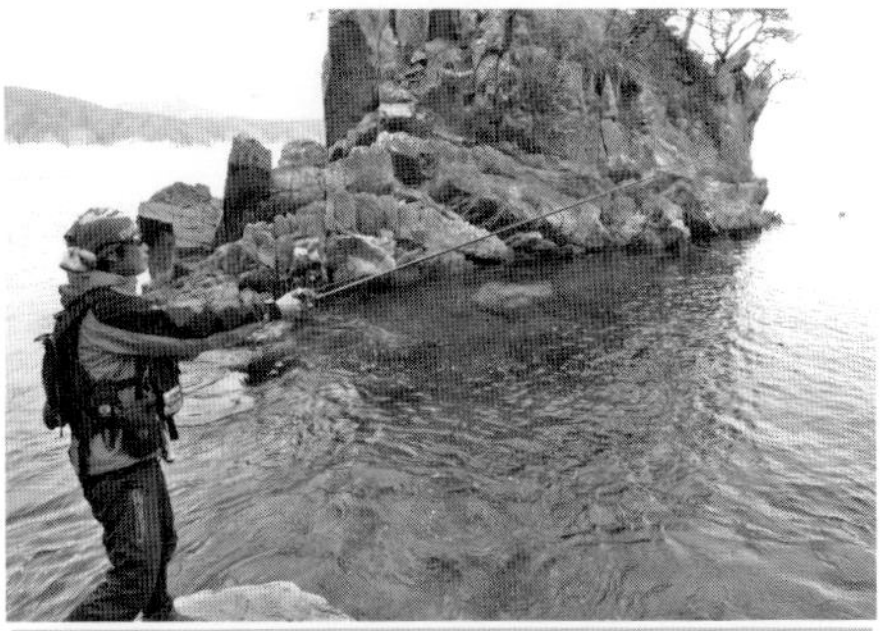

魚の活性が高ければ次々と食ってくるが、活性が低い日に漠然とキャストしていても釣果はのびない。魚の居場所や向きを考えてタイトに攻める

ることがある。人間が驚いて、とっさに手で払いのける動作を魚は口で行なう。その習性を利用した釣り方だ。

なお、活性の低いロックフィッシュに食い気を促す意味でも、ワームのコース取りは非常に重要である。潮が動いている場所では、ワームがしっかり水をつかんで動くコースを通すこと。自分に対して当ててくる潮は、ワームがうまく泳がないうえにリグが不安定に転がって根掛かりを誘発するので注意。当て潮の場所には必ず払い出している筋があるので、そのコースを攻める。払い出しの沖では、流れてくるエサをロックフィッシュが待っている。

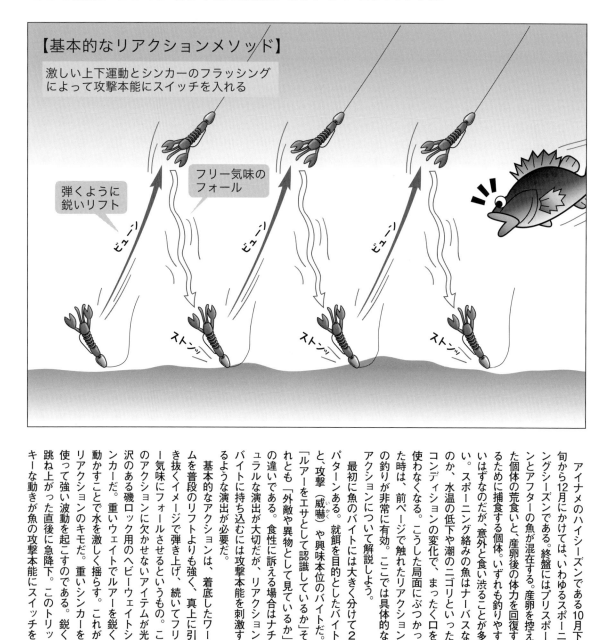

テクニック 4 リアクションバイトを誘う

食い渋るロックフィッシュには攻撃本能を刺激してやる

環境の変化に敏感な魚たちは水温が低下したり潮が濁ると食い渋る。そんな活性が低い時に食性に訴えてもルアーには反応してくれない。そこで有効になるのが攻撃本能を刺激するリアクションバイトだ

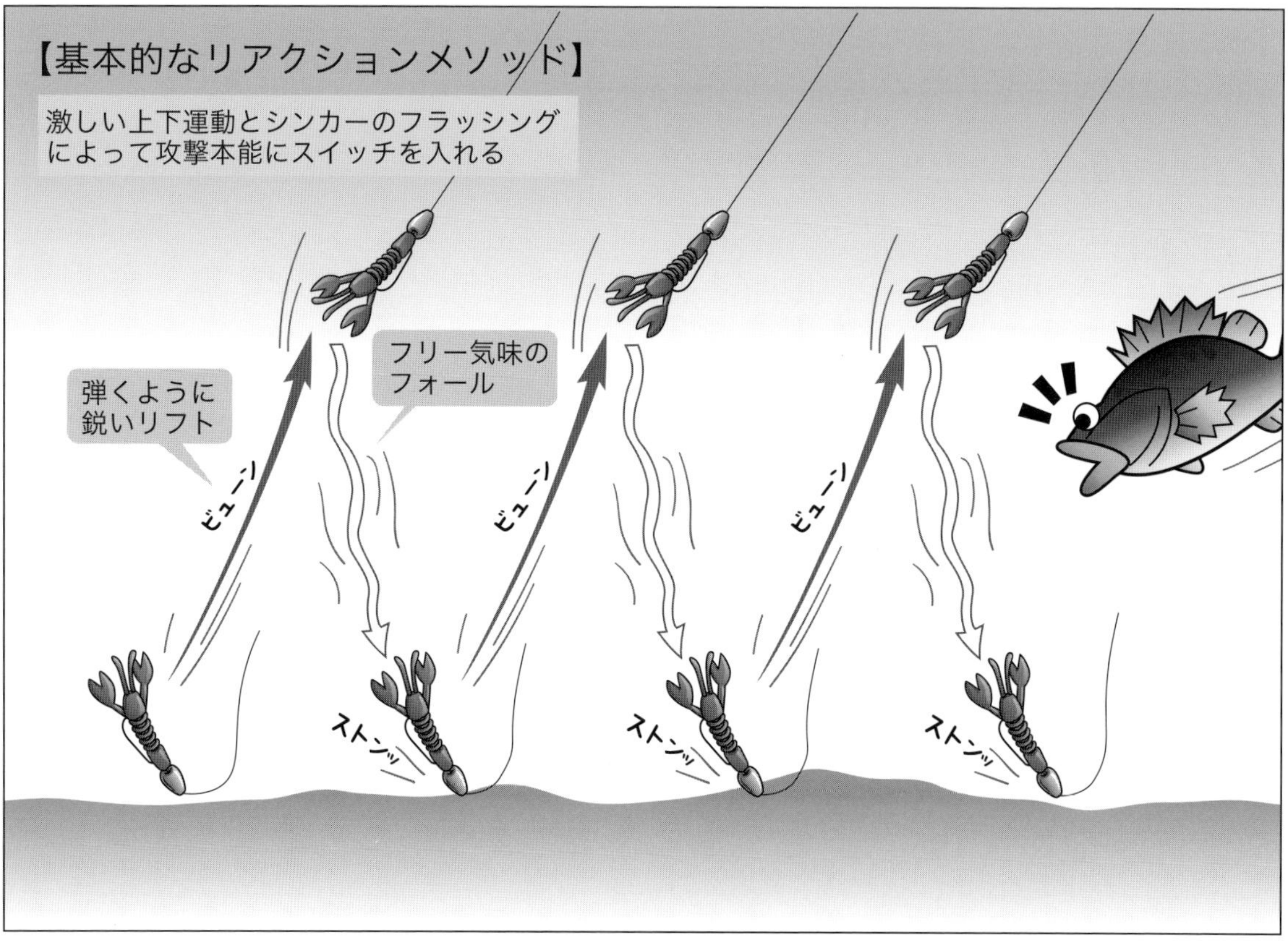

アイナメのハイシーズンである10月下旬から12月にかけては、いわゆるスポーニングシーズンである。終盤にはプリスポーンとアフターの魚が混在する。産卵を控えた個体の荒食いと、産卵後の体力を回復するために捕食する個体。いずれも釣りやすいはずなのだが、意外と食い渋ることが多い。スポーニング絡みの魚はナーバスなのか、水温の低下や潮のニゴリといったコンディションの変化で、まったく口を使わなくなる。こうした局面にぶつかった時は、前ページで触れたリアクションの釣りが非常に有効。ここでは具体的なアクションについて解説しよう。

最初に魚のバイトには大きく分けて2パターンある。就餌を目的としたバイトと、攻撃（威嚇《いかく》）や興味本位のバイトだ。「ルアーをエサとして認識しているか」それとも「外敵や異物として見ているか」の違いである。食性に訴える場合はナチュラルな演出が大切だが、リアクションバイトに持ち込むには攻撃本能を刺激するような演出が必要だ。

基本的なアクションは、着底したワームを普段のリフトよりも強く、真上に引き抜くイメージで弾き上げ、続いてフリー気味にフォールさせるというもの。このアクションに欠かせないアイテムが光沢のある磯ロック用のヘビーウェイトシンカーだ。重いウェイトでルアーを鋭く動かすことで水を激しく揺らす。これがリアクションのキモだ。重いシンカーを使って強い波動を起こすのである。鋭く跳ね上がった直後に急降下。このトリッキーな動きが魚の攻撃本能にスイッチを

Q. リアクションで誘う際に使うワームは？

A. 大きな波動が生じるクローやホッグ系でピンクやチャートなどのカラーに高実績

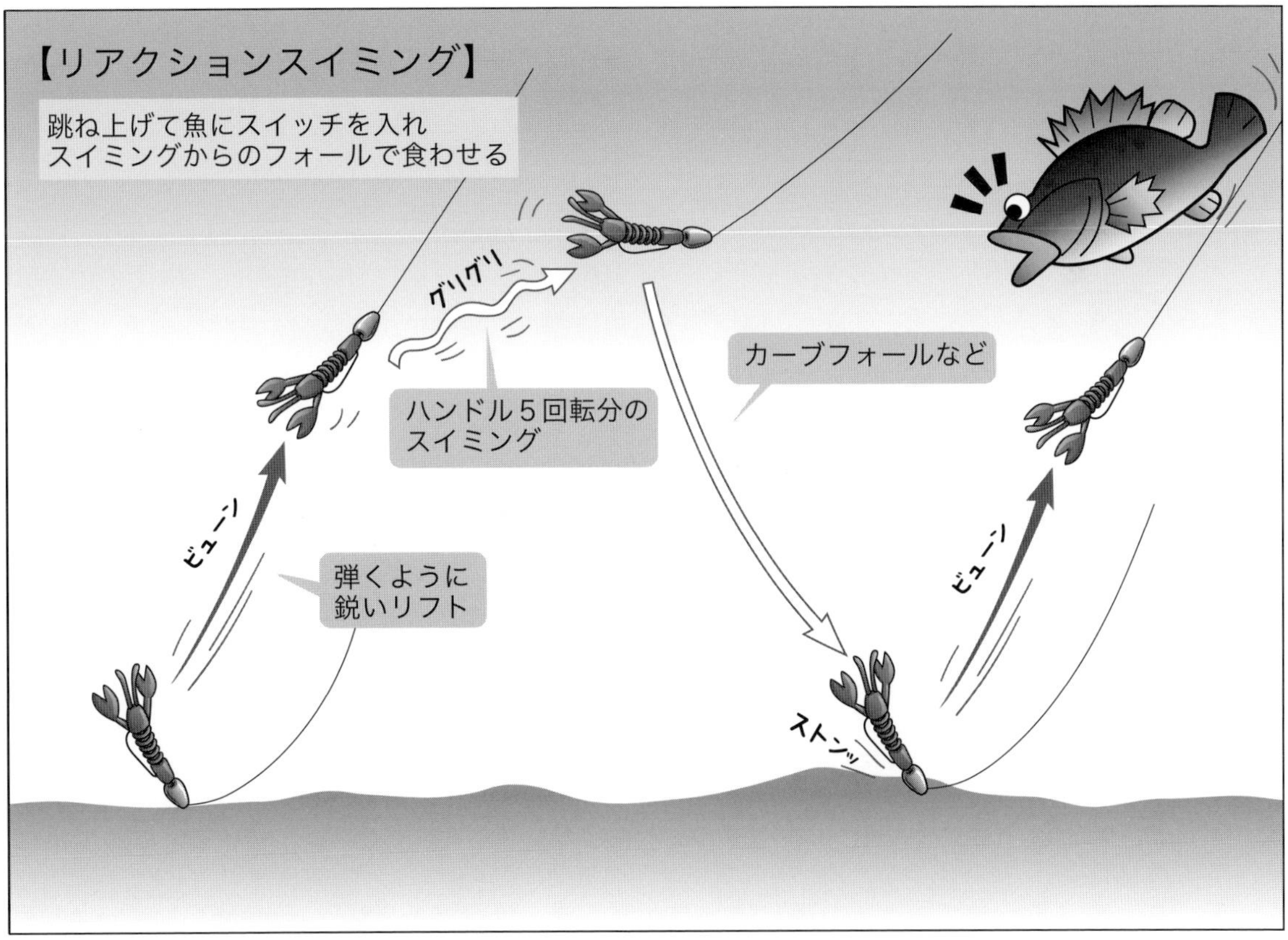

入れる。シンカーのフラッシング効果も魚の攻撃本能を大いに刺激する。

このリアクション操作の発展型が「リアクションスイミング」というテクニックだ。鋭いリフトまでは同じだが、リフトした頂点からグリグリとハンドルを勢いよく5回ほど巻いてからフォール。その日の状況を見ながら巻く回数を変えたりカーブフォールにしたりとパターンはいろいろ。リアクションに反応した魚を横の動きで食わせるイメージだ。ベイトフィッシュが近くに群れているにもかかわらず、ルアーに反応しない時に試してほしい。なお、リアクションで誘う際に使うのは、強い波動を出すワーム。バタバタと動くようなクロー系やホッグ系がよい。カラーも派手め。さらには『ガルプ！』的な素材ではなく『パワーベイト』のように、プリっとしたプラスチック素材が向いている。

産卵期のアイナメは環境の変化で途端に食い渋る。食性に訴えても簡単にはヒットに持ち込めないので、攻撃本能を刺激するリアクションの釣りを展開しよう

テクニック 5 根掛かり回避術

ラインから伝わる情報から根掛かりの気配を察知する

ヘビーテキサスを使う磯ロックは根掛かりを連発するイメージが強いが、実際にはほとんど回避しておりロストは意外に少ない。これは岩に挟まる前に回避しているから。回避術を覚えると俄然釣りが楽になる

最終手段のシャクリで根掛かりを外す時の構え方。鋭くシャクらないとシンカーは弾かれないので注意。完全に根掛かる前の回避行動なので、ほとんどはこれで回収できる

根掛かりには2種類ある。フォールからの根掛かりと、リフトによる根掛かりだ。フォールからの根掛かりのほぼ100%が、岩の隙間に落ちてシンカーがロックしてしまう根掛かりだ。有効な対処方法は、岩の質や地形に合わせて、フィールドに適したフォルムのシンカーに交換することだ（タックル解説参照）。そして着底したシンカーが潮やウネリに押されて不必要に転がらないように、ラインのテンションを利用してコントロールすることも大切だ。

ラインテンションのコントロールは、仕掛けが着水した時から始まる。完全にフリーの状態でフォールさせるのは最初だけで、徐々にラインにテンションをかけていく。着底した時点でラインが張っていればシンカーは転がらない。フォール中に潮に取られてラインがふくらむ時は特に根掛かりしやすいので、こうしたコントロールが大切なのだ。

シンカーを転がす際は、常にテンションをかけながらゆっくり動かすこと。フリーにすると岩の隙間に転がり落ちて簡単に引っ掛かってしまう。決してラインをフリーにしないことが根掛かりを軽減させるコツ。

リフトからの根掛かりを回避するには、次の3点が重要。

①リフトは手の力を抜きながら
②軽く引っ掛かった時点で対処する
③ラインに角度を持たせる

まずは①。力強くリールを握りしめながらリフトさせると、岩にシンカーがコンタクトした時に、そのままガッチリと

Q. 仕掛けをリフトした時点で根に擦れていたら根掛かるか？

A. それが根掛かりの前兆。完全に根掛かりする前にロングロッドで弾いて外すべし

【根掛かり回避手順】

① オモリが岩に軽く当たっている状態で軽くシェイク。激しくやるとガッチリ入ってしまう可能性があるので、あくまで片手で軽く

② シェイクで外れなければ、両手で軽く持って（握り込まない）チョンチョンとシャクってみる

③ いよいよ外れないようならば、鋭くシャクってシンカーを岩にぶつけて弾いて外す。ブラスシンカーとロングロッドの組み合わせだから可能な外し方だ

④ 右手を素早く下に振り下ろしつつ、左手を胸元に引き寄せる。力ではなくスピードが大切

噛んで根掛かりしてしまう。反対に手の力を抜いてリフトすれば、岩にコツっとシンカーが当たった瞬間に動作が止まる。シンカーがロックする前に外しにかかれるので、高確率で根掛かりをクリアできる

　続いて②は、シンカーが岩の隙間に挟まる前に危険を察知して根掛かりを回避する。これには手元に伝わる振動や感触から、水中をイメージできなくてはならない。たとえば「ここはずいぶん根が高いな」とか「ラインが岩の隙間に引っ掛かりはじめてるな」など。ラインとロッドが伝えてくれる情報を元にして、根掛かりの前兆を察知するのだ。

　根掛かりの気配を感じ取ったら、オモリがロックする一歩手前まで軽く持ち上げ、リグが止まったところで軽くシェイクする。それでダメなら中ぐらいのシェイク。それでもダメなら大きく瞬間的に上方向へ跳ね上げるようにあおる。この3段階の手順で、ほとんどの根掛かりを回避できるはず。ちなみにロングロッドだと成功率も高い。

　そして③。ロッドを横に寝かせて引くのと、縦に立てて引くのをくらべると、ロッドを寝かせて引いたルアーのほうが根掛かり率が80％ほどアップするという実験データがある。ロッドを立てることでラインに角度を持たせ、常に引き上げるように引くことで根掛かりを減らせる。

　根掛かりの対処法を身につけることは、根魚釣り上達の最重要課題だ。頑張ってマスターしてほしい。根掛かりを恐れていては根魚は釣れないのだ。

テクニック 6 アタリの出方

バイトからサイズを予測して大物のみアワセを入れる

活性の高い日の根魚は貪欲で小型でも果敢にワームに食らいついてくる。しかし何でもかんでもアワセを入れていると、モンスターが遠ざかってしまう。アタリの出方から魚の大きさを推測し、小さそうならスルーを推奨

小型のアタリをかわした末にキャッチできるモンスター。区別なく小型も掛けているとモンスターを警戒させてしまうので、大幅にヒット率が落ちる。アタリがあってもグッとこらえてチャンスを待つ

他の魚にくらべて根魚のバイトは分かりやすい。私はアタリの出方から魚のサイズなどを推測して、素早く対応するように心がけている。バイトからフッキングに至るまでの流れをいかにスムーズに行なえるかで、結果は大きく変わる。

根魚が見せるバイトは大きく3パターン。最も多く見られるのは、ワームの端をくわえて魚体を激しくクネらせるアタリ。「ガツガツッ」と穂先が激しく震えるのですぐに分かる。これはワームのボリュームが根魚に対して大きすぎた場合に出る。根魚は一口で食べられないエサを見つけたら、ちぎって食べようとする。要は魚が小さいのだ。

ここでラインを送り込んで食い込ませても、顔を出すのはせいぜい40㎝止まり。このブルブルするバイトが出た場合にはアワセを入れず、ラインを引っ張って素早く根魚の口からワームを引き離す。急がないとワームをボロボロにされてしまう。モンスターにねらいを絞っているので、明らかに小さいと分かる魚はスルーする。むやみに掛けて水中を騒がせると、周辺のモンスターを警戒させてしまうので冷静に対処すること。

そして目の前を通過するワームに反応して根から飛び出し、くわえ込んですぐさま反転して根に戻ろうとするバイト。「カン」と金属的な衝撃の直後にラインを持っていくので、カウンター気味に素早くアワセを入れる。これは魚の活性が高い時、特に食い気のあるプリスポーンの魚に多い。クロー系であれば口に中にワームは入っているので、この時点でア

Q. モンスターらしいアタリとは？

A. 大型に多いバイトは吸引系。魚体が大きいので居食いが多い

▲魚影の多い磯ではアタリも多い。そのほとんどをスルーして、大ものののアタリだけにアワセを入れる

口の大きなベッコウゾイは10inワームすらもひと呑みにしてしまう。圧倒的な迫力を醸し出すモンスター。アタリも大ものらしくガツンとくる

▼磯ロックの魅力はモンスターに出会えること。その目的を達成するために中小型は掛けないように慎重にアタリを見極めること

ワセを入れてもほぼ確実にフッキングする。アワセが遅れると根に潜られて獲れなくなるので、反射的に身体が動くようになるまで釣り慣れたいところだ。

そして居食い。目の前を通過するエサだけを吸い込む。アフタースポーンで体力回復に努めている魚に多く見られるバイトで分かりにくい。他のバイトにくらべ、どうしてもわずかに対応が遅れる。「コン」と来て穂先を押さえ込むが、そのまま動かないので根掛かりと間違えやすい。

「グンッ……」と穂先を押さえ込んで止まるバイトは、大型特有の吸い込みバイト。体を動かすことなく、一口でワームを吸い込んでいる。この場合、すでにワームは魚の口の中に入っているので即アワセでもフッキングするのだが、ここで焦ってはいけない。大型魚は口も硬いので、確実にフックのポイントがアゴを貫くようにワームの角度を変えてやることが大切。

バイトから大型を直感した時は、軽くラインを引っ張って吸い込んだワームを口の中で真っ直ぐにしてやる。急激にテンションをかけると吐き出されるのでそれを防ぐコツは、ごくわずかにそ〜っとリグを張るイメージで引っ張ることだ。

このようにアイナメやソイは、バイトの出方で魚のサイズを大まかに推測することができる。大きいものだけフッキングに持ち込むようにすれば魚にも優しいし、ムダに場所も荒らさない。アタリが少ない時は小型に多いブルブルバイトにもアワセを入れたくなるかもしれないが、グッとこらえること。その我慢がモンスターを呼び込むのだ。

テクニック 7 バイトを深くする

ラインに軽くテンションかけてより深くワームを食い込ませる

他の根魚にくらべてアイナメは口が小さいのでアワセのタイミングが難しい。巧みにワームを操作して本気食いへといざなう。まさに腕に見せどころだ。そして無事に掛けたら一気に寄せて、ロングロッドのパワーで豪快に抜き上げる

ワームを軽く引っ張って深くくわえ直したと判断したら、ロッドの長さを生かしたアワセを入れる。ねらいどおり深くくわえ込んでいたら、高い確率でフッキングする。この感覚は数多くのアイナメを釣って体で覚えていくしかない

クチビルは厚いのに口は小さいアイナメ。「アタリはあるのに乗らない……」とフッキングに苦労している人が多いようだ。これはアイナメの就餌スタイルが他の根魚と異なるためだろう。

口の大きいソイやメバルなどは一気に吸い込むように捕食するが、アイナメは口が小さいので自分とエサの大きさに合わせて吸い込んだり、ちぎったりして就餌する。一気に吸い込む吸飲バイトは口の中にフックごと入るので問題ない。ちぎるバイトは魚が小さいのでスルーする。それだけならよいのだが、実はもう1つやっかいな食い方をする。それは、魚にとって一気に呑み込むほど小さくはないけれど、ちぎるほど大きくない時。とにかくベイトに食らいついて、じっくりと時間をかけて呑み込んでいく。これを「食い込みバイト」と呼んでいる。

食い込みバイトはアワセを入れるタイミングが分かりづらくて苦労する。しかし、このバイトはちゃんと対処できれば深いバイトへと切り替わることもある。食い込みバイトの出方は、食いちぎるバイトにくらべて重みがある。ブルブルではなくて、エサをくわえてコン…コン…という感じ。ここでアワセを入れてもほとんど乗らない。

一方、軽くテンションをかけてやるとベイトに逃げられないようにくわえ直すのでバイトが深くなる。軽く聞いてみて魚の重みが感じられたら食い込んだと判断してアワセを入れる。まだ重さを感じられなければ、再びワームを軽く引っ張ってテンションをかけてやる。しっかり

Q. 食い込みアタリに対してラインを送り込んだらバイトが深くなりそうだが？

A. ラインを送り込むと、ちぎりバイトに変わったり根に持っていかれるのでNG

▲ワンポイントとして、ワームの違いでバイトの深さが変わる。たとえば胴体部分がリブ状になっているワームを使うと食い込みがよくなる。もちろんニオイ＆味付きをおすすめする。この２点だけでもバイトが大きく変わるので、ぜひ試していただきたい

◀食い込ませ方が分かってきたら、アイナメよりさらに口の小さいカレイでも口に掛けられる

アワセはタイミングも重要だが、口に掛かるように深くワームをくわえさせるひと手間が釣果を大きく左右する

と食い込むまで、この繰り返しだ。

感覚的なところが多いので、実際アワセのタイミングは何度もアイナメを釣って体で覚えるしかない。だんだん慣れて水中のイメージがつかめてきたら、ロッドから伝わる感触からワームがどこまで食われたのか分かるようになる。テンションのかけすぎは魚がワームを離してしまうので注意。この微妙な駆け引きは、アイナメの釣果を大きく左右するので、頑張って習得していただきたい。

ちなみに食いちぎるバイトはワームを引っ張って口から離すと先に解説したが、スイッチが入っていると追い食いしてくることが多い。しかも今度はエサが逃げないように吸飲バイトや食い込みバイトに変わることが多いので、しっかりアワセを入れてフッキングに持ち込む。

フッキングは、やや腰を落として余分なラインを巻き取り、ロッドを前に倒してから大きく鋭く入れる。50mも60mも沖で食った根魚の硬い口にフックを貫くには、ロッドのストロークが重要。ここでもショートロッドより大きくフックを動かせるロングロッドが威力を発揮する。

そしてフッキングが決まったら一気に浮かせてランディング。三陸海岸は足場の高い場所で掛けることも多い。私はロクマルが掛かった時のために柄の長いネットも持参しているが、50㎝クラスなら一気に抜き上げる。無理に波打ち際に降りるのは危険。抜き上げは安全で確実な方法だ。ここでもパワーのあるロングロッドが役に立つ。ショートロッドでは到底無理な高さでも一気にリフトできるので重宝する。

Column グループ釣行のメリット

ハードな磯ロックは必ず2人以上で釣行
フィールドでは情報を共有して大物を探す

仲間と楽しむ磯ロック。腕を競うことも面白いが、協力して当日の付き場やヒットパターンを探すとよい

磯ロックは単独で釣行しないこと。外洋に面した磯だけに何か起きてからでは遅い。スマホも必携。防水タイプが望ましい

時期や天候、海況を見ながら魚は沖なのか、それとも前か。潮が当たっているポイントか、それとも根で遮られた潮裏か。情報を共有して釣果に結び付けたい

広範囲に散らばれるなら問題ないが、場所によっては肩を並べて釣ることも。そんな場所でこそ釣りの質が問われる

何度も書いているが、磯ロックという釣りには思わぬところに大きな危険が潜んでいる。それゆえくれぐれも単独釣行は避け、普段から２人以上で釣行していただきたい。

そこで考えたいのは複数で釣行した時のゲームの組み立て方である。広い場所なら問題ないが、少々狭い磯に降りることもある。そんな場合は各自が異なるパターンの釣りを展開し、当日の状況をいち早く把握するように努めよう。たとえば魚の付き場を探すため、先行者が遠投主体で目ぼしいポイントを手早く打っていき、後続者が丁寧に近場を探っていくなど、同行者と話し合って当日の釣りをプランニングするとよりゲーム性が増して楽しめる。複数で釣行することで、さらなる釣果を目指すことができるというワケだ。

私は同行者と常に異なるルアーを結び、当日のヒットルアーを絞り込むように心がけている。ちなみにワームやカラーは対極のものを選んで使う。パートナーがクロー系を使っていればビッグワームなど、異なる波動のワームをキャストする。同じようにソリッド系のカラーを使っていたら、ナチュラルやクリアーベースといったぐあいだ。少しでも効率的に釣りを展開して釣果に結びつけよう。

塩津紀彦　ロックフィッシュ激釣バイブル

シーズナルパターン

季節ごとにロックフィッシュの行動は細かくパターン化されている。
その動きを知ることで、ゲームの内容に深みが増して、
よりいっそう磯ロックが面白くなる。
もちろんモンスターとの遭遇率も高まる。
特に同じエリアに通うアングラーは参考にしていただきたい。

SEASONAL PATTERN

シーズナルパターン 1 春

外洋の影響を受けない湾内 モガニを求めて浅場に出現

春は水温が不安定なので体力のある大型しか浅場に入ってこられない。根魚たちの目的はホンダワラに生息するモガニ類。春の貴重なベイトだ。エサ場の近くの穏やかなワンドには、高確率でモンスターが潜んでいる

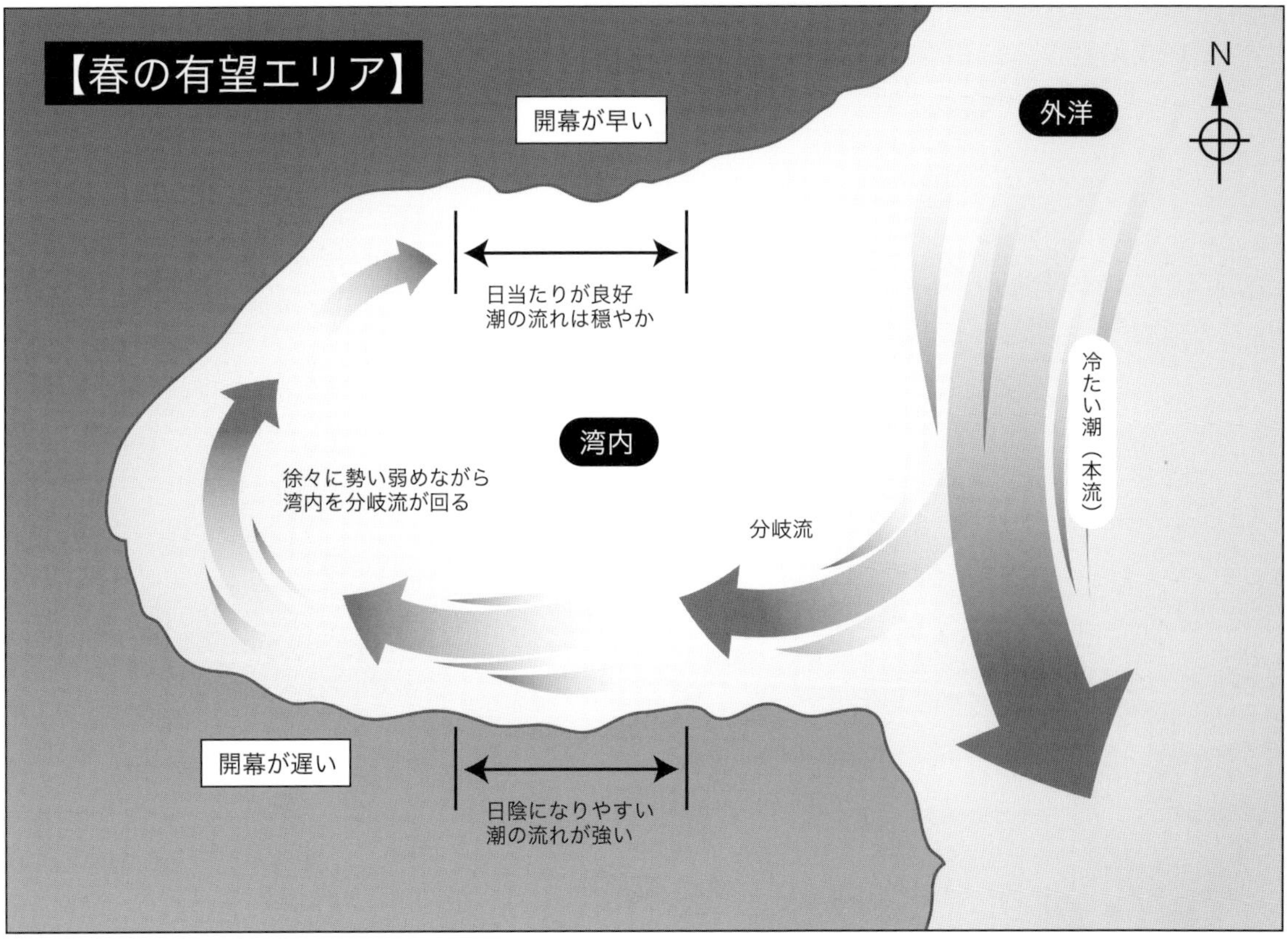

東北のロックフィッシュ・シーズンが幕を開けるのは例年4月の後半。体力のあるモンスターから浅場に差してくる。本格化するのは5月の大型連休が明けてからだ。新緑のまぶしい時期だが、海中はまだ冬を抜けたばかり。流れ込んでいた雪代が落ち着き、ホンダワラが成長してきてからが本番だ。

春は水温の上昇が鈍いうえに不安定なので、釣り場選びが本当に重要になる。読みを誤ると、そのエリアにまったく魚がいないという状況も考えられる。三陸海岸では各湾内の磯や漁港から開幕する。湾内は親潮（寒流）の影響をあまり受けないので環境が安定しており、外洋にくらべて水温上昇が早いのだ。ちなみに日当たりがよくて水温も上がりやすい湾の北岸が有望だ。南岸は親潮の分岐流が差し込むので水温が低く、午後には日陰になるので釣行候補から外してよい。

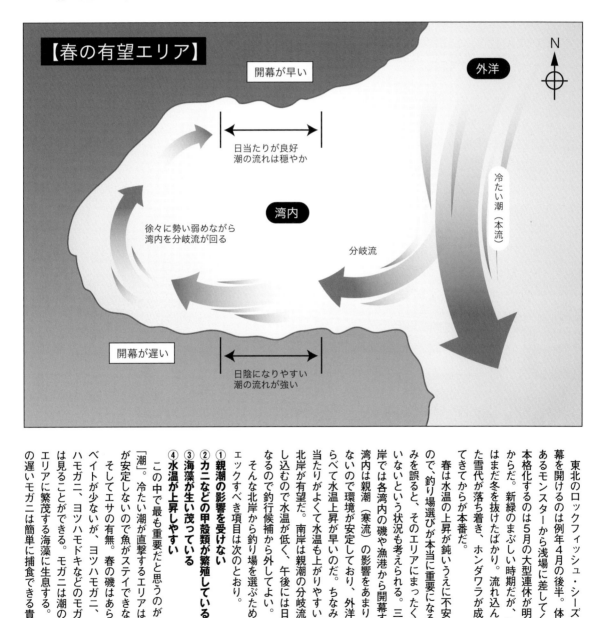

そんな北岸から釣り場を選ぶためにチェックすべき項目は次のとおり。

①親潮の影響を受けない
②カニなどの甲殻類が繁殖している
③海藻が生い茂っている
④水温が上昇しやすい

この中で最も重要だと思うのが①の「潮」。冷たい潮が直撃するエリアは水温が安定しないので魚がステイできない。

そしてエサの有無。春の磯はあらゆるベイトが少ないが、ヨツハモガニ、ヤツハモガニ、ヨツハモドキなどのモガニ類は見ることができる。モガニは潮の緩いエリアに繁茂する海藻に生息する。動きの遅いモガニは簡単に捕食できる貴重な

Q. モガニ類がメインベイトの春に有効なワームは何？

A. クロー系やホッグ系の甲殻類ワームがベストマッチ

【春の理想的なポイント】
強い流れが当たらない
弱められた潮の一部が流れ込む
ハエ根がワンドにフタをするように伸びている
魚がたまりやすい
水深は 3〜10m が望ましい

シャローに入ってきたばかりの個体や高活性の魚にはクリアーレッドが効く。雪代が流れ込んだり底荒れしたらソリッドレッドもしくはブラック。効果的なカラーはフィールド状況により目まぐるしく変わるので、数種類は常に持ちたい。写真は5月上旬にキャッチしたアイナメ。海藻が生い茂るポイントでねらいどおりに食ってきた

ベイト。ロックフィッシュはモガニを食べに浅場へ姿を見せるのだ。

そんなモガニが身を寄せるのが海藻。湾内ではコンブなどの冬の海藻が抜けてホンダワラなどが育ち始める。ホンダワラは潮が直撃するエリアではあまり育たず、湾内の穏やかな磯場ですくすくと成長する。メインベイトのモガニの他にエビ、ハゼなども身を寄せるので、ホンダワラの成長ぐあいが釣果を左右する。

シーズン初期のロックフィッシュは、根や岩にタイトに付いてじっとしている。水温の変動を嫌うので、無数の根や岩に囲まれたワンドなどを好む。岩盤に囲まれてプール状になったワンドは太陽光で温まりやすく、冷水もあまり干渉してこないので水温が安定している。まだ本調子ではないシーズンの序盤は、こうした温水プールのように環境が安定したエリアに釣行するとオイシイ思いができる。

釣り方はスローが基本。シーズン初期のメインベイトはモガニ類なので、生息する海藻に絡めるようなイメージで攻める。アクションはリフト&フォールだが、活性は低いと考えてリフトは小さく、フォールもロッド操作でブレーキをかけながらスローに落とす。スローかつタイトに攻めないと、活性の低い魚は口を使わない。

春の攻略で重要なポイントは「海藻のある根をタイトに攻める」こと。水温が11℃に達して安定するとシャローが騒がしくなってくるので、海洋情報の海水温とにらめっこして、タイミングを見計らってフィールドに繰り出したい。

シーズナルパターン 2 初夏＆梅雨期

待望のハイシーズンに突入 ねらいは冬にディープへ落ちなかった大型

不安定な春のオープニングが終わると、シャローが騒がしくなってくる。深場で越冬しなかったヤル気満々の大型は絶好の藻場でモガニを大食い。ベイトフィッシュに我を忘れた個体はリアクションで誘って攻略

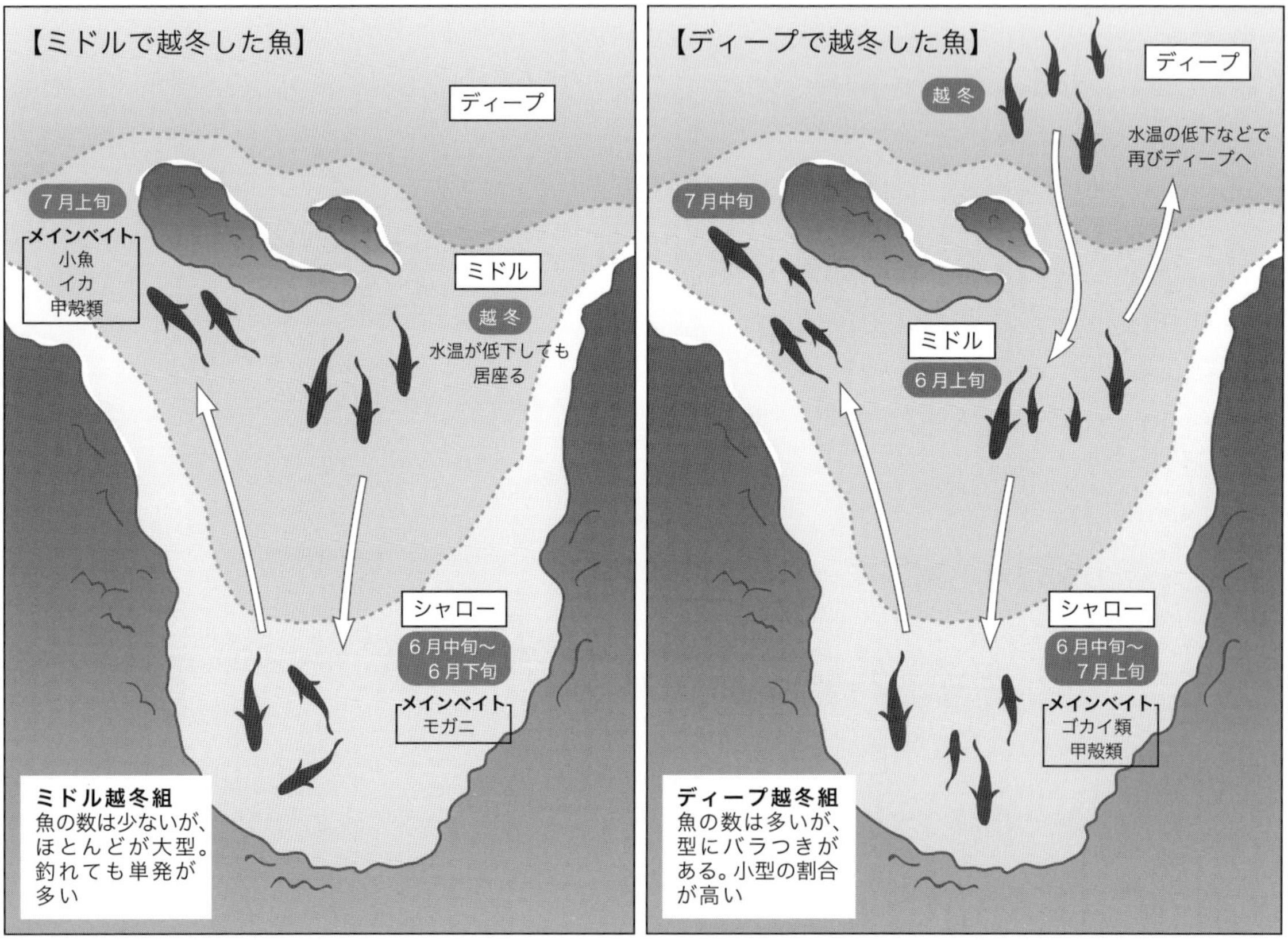

三陸海岸では梅雨入りしてしばらくすると海水温が15℃を超え、ロックフィッシュのハイシーズンに突入する。例年6月中旬前後のことだ。12℃を下回らなければ、エサを求めて続々とシャローに魚が入ってくる。

この時期のロックフィッシュには3タイプが存在する。

①ディープに落ちずシャローとの中間(ミドル)エリアで越冬。4月下旬からシャローに上がってきた魚

②ディープで越冬して中間エリアで体を慣らしながら徐々にシャローに差してきた魚

③ベイトフィッシュの群れについて動き回っている半回遊タイプの魚

①の魚は、浅いエリアで越冬できる体力の持ち主なので大型が多い。シャローに魚体が慣れているので不意に水温が低下してもディープに落ちない。多様な海藻が生い茂る1級ポイントに陣取る。ただ単体で行動するので連発は期待できない。

シーズン序盤からシャローで捕食しているので、ややシャローが荒れる程度ならサラシが払い出しているような潮が効くエリアに移動するだけ。荒れてもディープへ落ちないので見つけやすい。

また、ミドルレンジにステイしているシーズン初期はモガニ類を捕食しているので、ボリュームのあるクロー系やホッグ系のワームに好反応を示す。ヘビーウエイトシンカーを使ってワームを海藻の奥にねじ込んで食わせることもある。

7月に入って潮通しのよい岬周りに移動する頃にはベイトも増え、甲殻類の他

Q. 活発にエサを口にし始める水温は？

A. 活性も上がってベイトを果敢に追うようになるのは 15℃

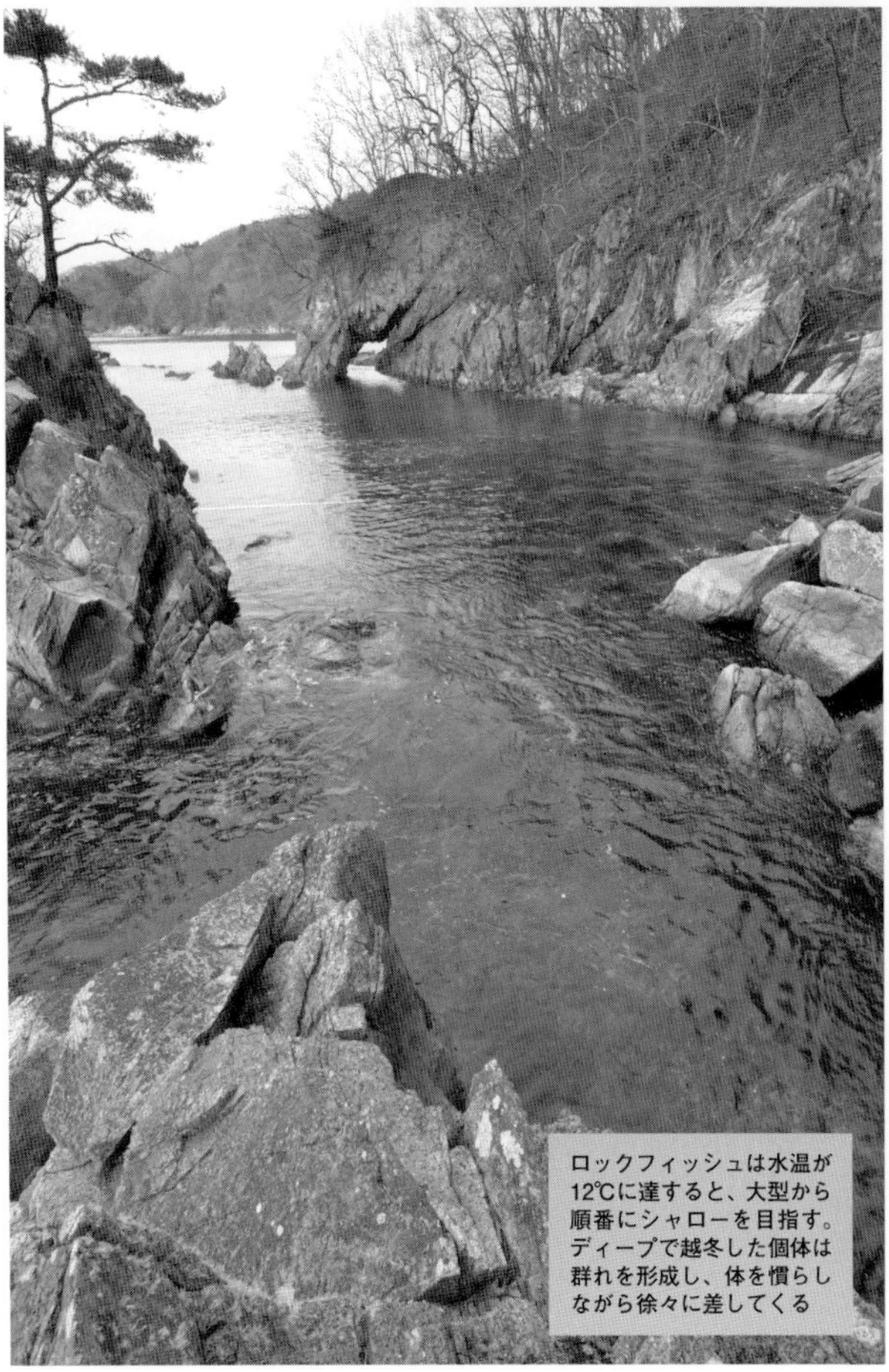

ロックフィッシュは水温が12℃に達すると、大型から順番にシャローを目指す。ディープで越冬した個体は群れを形成し、体を慣らしながら徐々に差してくる

ベイトフィッシュに付いて泳ぎ回る個体は溶存酸素濃度の高いエリアがポイント

に多様な魚やイカを捕食する。初夏は『イール』のようなビッグワームへの反応がよい。食い渋った時はスローな動きでも捕食できる甲殻類に偏るので、クロー系やホッグ系ワームがよい。刻むような細かいリフト&フォールが有効。

②の魚は、まずはディープから岬やハナレ磯など、潮やウネリの直撃を避けられる場所まで上がり、魚体が慣れたところでシャローに入ってくる。シーズン序盤は天候が崩れたらすぐ逃げられるディープに隣接したエリアを好むが、中盤には①の魚と同じエリアに移動して見分けがつかなくなる。

大型メインの①に対してサイズにバラつきがあり、しかも小型が多い。初期はゴカイ類を就餌することも多く『パルスワーム』などに好反応を示す。中盤には甲殻類にメインベイトが切り替わるので『パルスクロー』や『パワーホッグ』のようなバルキーなワームで攻める。

③の魚は、ベイトフィッシュの群れに付いて一緒に回遊する。ベイトフィッシュが大量に接岸した時限定のイレギュラーパターン。①と②の魚がベイトフィッシュを追いかけ始めるのだ。

ちなみにイワシやコウナゴ、ウミタナゴなどが代表的なベイトフィッシュだ。これらのベイトが接岸するとモガニ類を中心に甲殻類を捕食していたロックフィッシュたちもフィッシュイーターと化して、ベイトフィッシュの群れを追いかけるように根の周りをウロつくようになって甲殻類と小魚をどんどん食べる。浮くことが多くなって付き場や行動パターンが変わる。ベイトフィッシュが群れる潮の変化点やブレイクライン、溶存酸素濃度の高いエリアがメインポイントになる。

ベイトフィッシュに付いた魚をねらうアクションは、ハイリフトからのカーブフォール。手前に引くように操作する長いスライドフォールがよい。スイミングもよい。また、リアクションで誘う釣り方が効果的なので、力強いリフトからのカーブフォールや、リフトから5～7回ハンドルを巻いてカーブフォールに移るリアクションスイミングが効果的だ。ワームは『パルスワーム』や『ティーテールミノー』、『イール』など。

シーズナルパターン **3** 梅雨終盤＆盛夏

水温が上昇して活発に行動 本命ポイントはサラシ

日を追うごとに水温が上昇する梅雨明けこそ根魚は活発に動く。ねらいはエサが豊富なサラシ周り。溶存酸素濃度の高いサラシは夏の本命。アイナメをはじめ、あらゆる根魚にとって格好のエサ場になっている

大量の空気を取り込みながら払い出すサラシは水温も低く、魚にとっても居心地は抜群。酸素も豊富で、待っていればエサも流れてくる

根やハナレが並んでいる場所は、その間が浅くサラシが生じることが多い。潮抜けもよく夏場の理想的なポイントだ

盛夏は人間にとって厳しい季節。熱中症に注意が必要。荷物は増えるが飲み物などは多めに持参すること。水中の根魚たちは盛んにエサを食らっている。ハイシーズンの佳境だ

東北が間もなく梅雨明けする７月中旬（ここ数年は７月下旬～８月上旬に明けている）。晴れると真夏日になり、体力的に人間には厳しいシーズンとなる。しかし、ロックフィッシュは元気いっぱい（笑）。群れをなして接岸するイワシなどを追って積極的に浅場に入ってくる。ただし、シャローの水温は日増しに上昇していくものの底潮は冷たく、ちょっとした天候の崩れや差してくる海流の影響を受けて食い渋ることもある。

この時期の水温は18～22℃。1年を通じて最も活発にロックフィッシュが動き回る時期なので、条件が揃った場所を的確に攻めれば、かなり高い確率で納得釣果を手にすることができる。ちなみにディープで越冬してシャローに入ってきた群れは、高水温を嫌って深場へと移動するので極端に少ない。メインはミドルエリアで越冬し、シャローの環境に魚体が慣れた大型。単独もしくは小規模な群れで行動している。

これらの大型が、この時期に好むのがサラシが沖へと払い出しているようなエリア。サラシの周辺は溶存酸素濃度が高いのでベイトフィッシュが集まりやすいうえに、払い出しで待っていれば岩や海藻からはがれ落ちた甲殻類が流れてくる。根魚にとって格好のエサ場なのだ。

サラシなら何でもねらいめというわけではなく、泡やちぎれた海藻が水面にいつまでもとどまっているような潮が効いていないサラシは望みが薄い。泡がすぐに消えたり、流れていくようなサラシを探る。もちろん流れが速すぎる、もしくは

Q. 水温の上昇に伴って快適なディープに移動するのでは？

A. 適応力に優れるミドル越冬型個体はサラシ周りで盛んに捕食

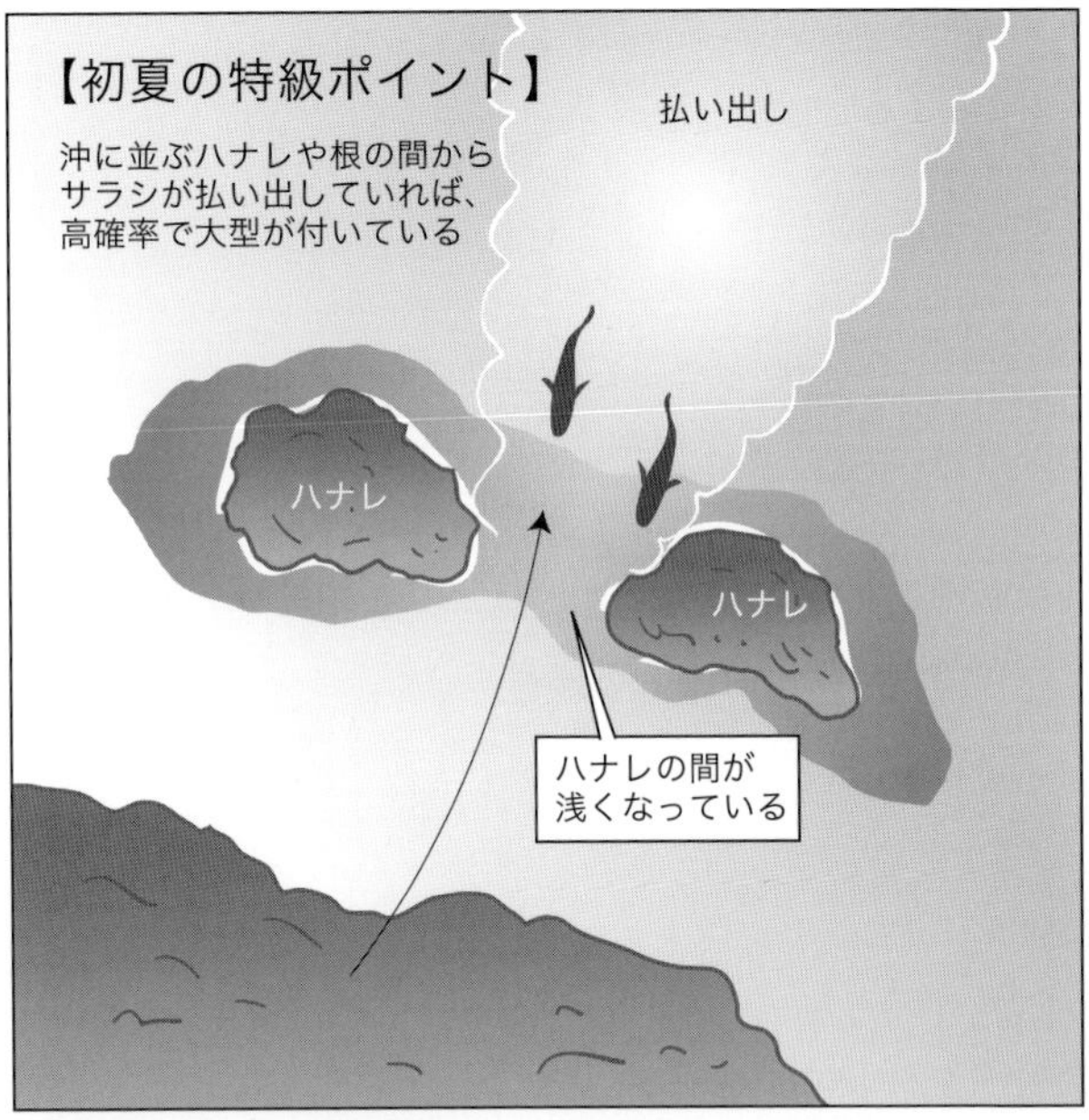

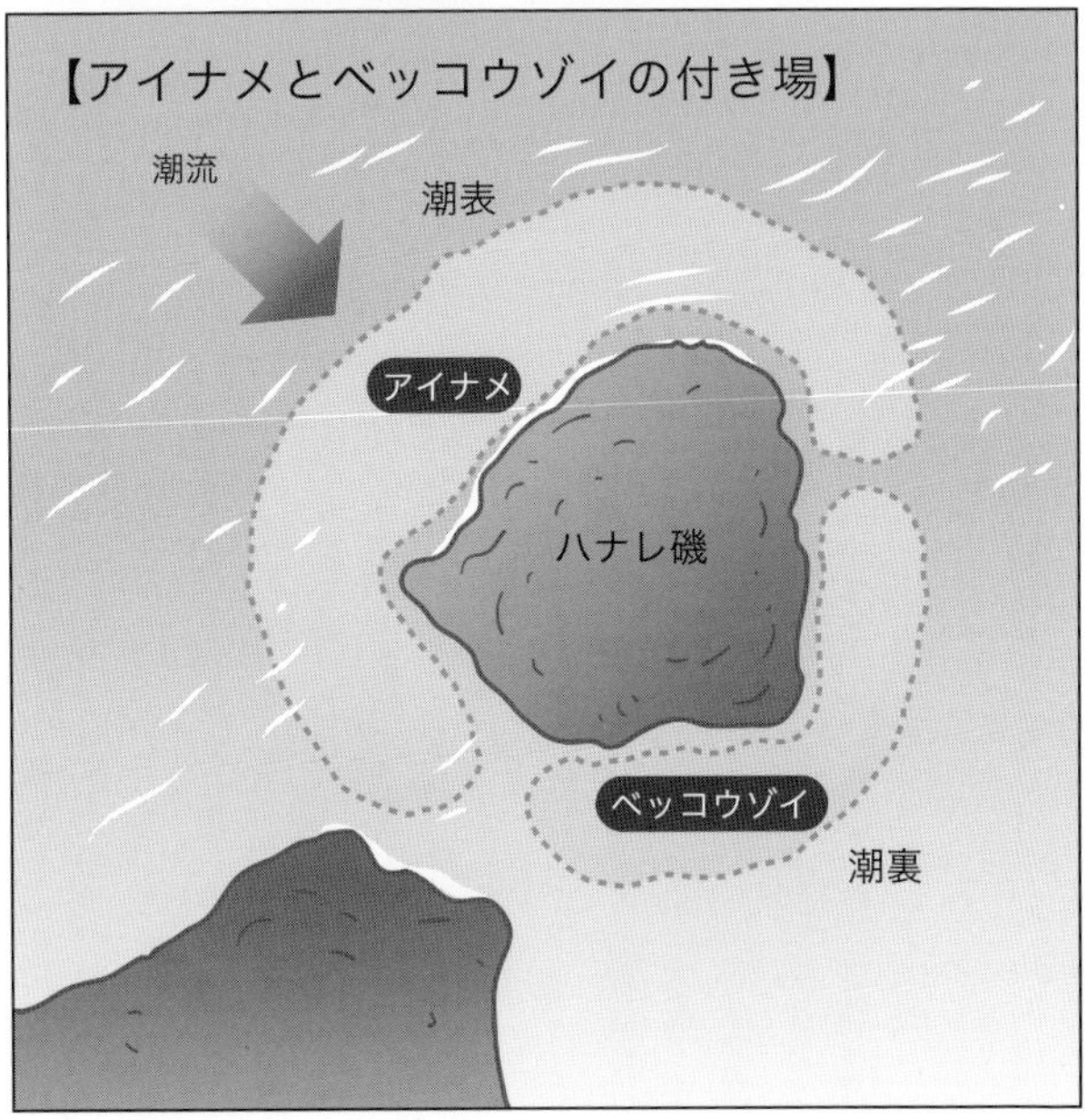

ディープに隣接する沖のハナレは、ディープとシャローを行き来する魚のコンタクトポイント。いったん身を寄せて魚体を慣らす

払い出しが強すぎるサラシは、魚がステイできないので避けたほうがよい。適度に潮が流れ沖に並ぶハナレや沈み根のあいだに生じるサラシこそ、絶対にチェックすべき大型がポジショニングする「特級ポイント」なのだ。

なお、沖のハナレや根に身を寄せるアイナメやベッコウゾイだが、潮の当たり方によって付き場が異なる。ベッコウゾイは泳力が弱いので潮の流れが穏やかな潮裏を好み、アイナメは潮表にポジショニングする。といっても活性の高いアイナメは、根の周りを動き回っていることが多い。それゆえに1度探った場所も、時間を置いて再びチェックすると、いきなりデカアイナメが食ってきたりする。魚が動き回って、常に新しい魚が入ってくるハイシーズンの釣れ方の特徴だ。

また、ディープで越冬した個体の居残り組に関しては、天候が崩れるたびにディープに落ちたりシャローに上がってきたりと大きな移動を繰り返す。こうした魚をねらう場合には、コンタクトポイントに注目する。コンタクトポイントとは、シャローとディープを行き来するあいだに存在する中継地点。移動コースの途中にある根や島が絡むサラシがこれにあたる。数も型もねらえる1級ポイントだ。

シーズナルパターン 4 お盆＆晩夏

数少ない居残り組をねらうなら水中も涼しい午前中が勝負

水温が最も高くなる時期はロックフィッシュも快適なディープに落ちるが、ごく一部はベイトを求めてシャローに居残る。難度の高いターゲットだが、捕食行動に出る条件とタイミングを考えてエントリーすれば釣果を手にできる

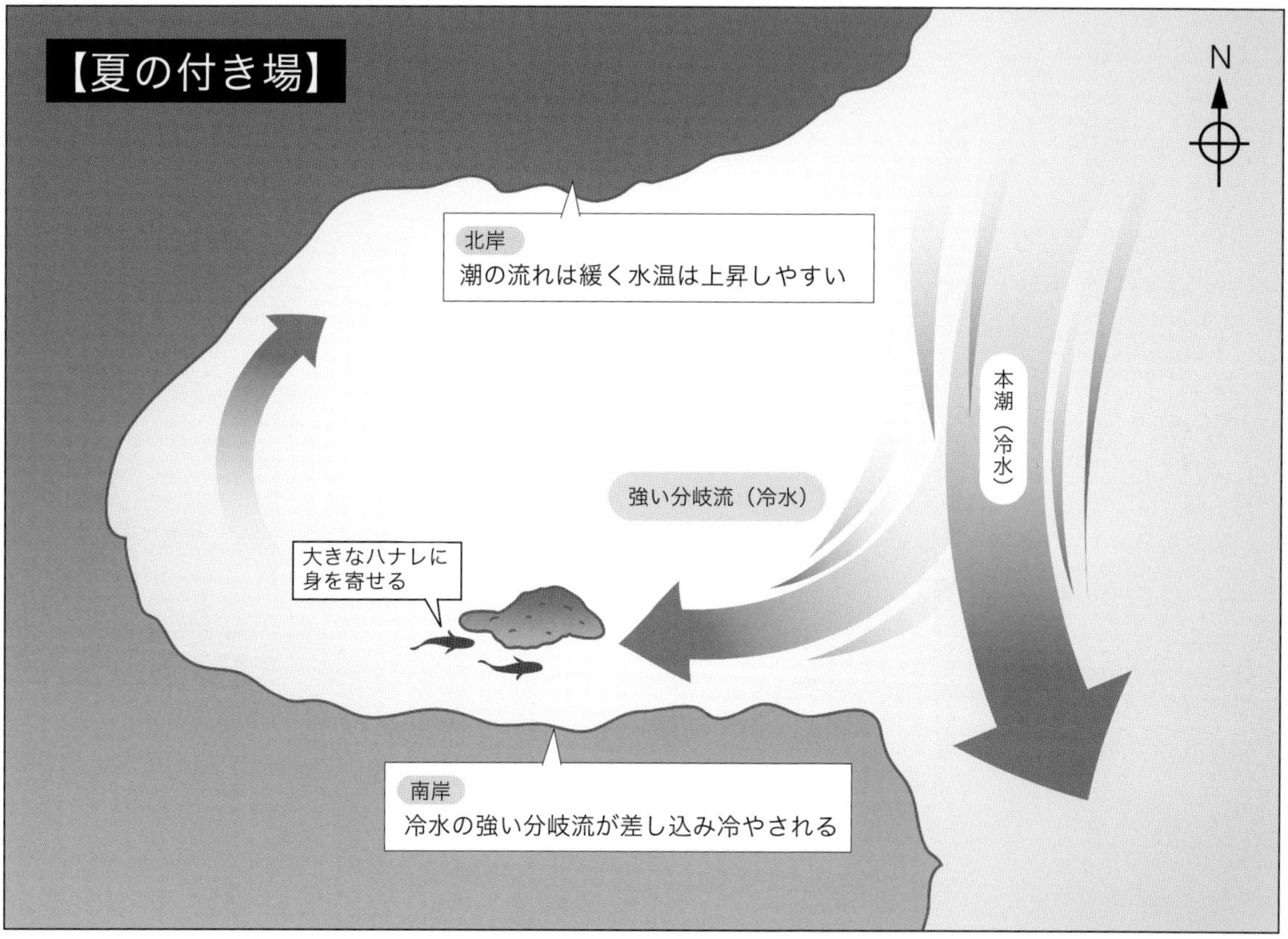

お盆を迎えると三陸海岸は1年で最も水温が高くなる。磯場のロックフィッシュは水温が安定している沖の深場へと移動するので、基本的に磯ロックはオフシーズンとなる。ところが、実は冷たい親潮の恩恵を受ける場所では、一部の個体はシャローに居残る。たしかに難度は高いものの、アングラーの読み次第ではキッチリ釣果を上げることができる。

わりと低水温を好むロックフィッシュにとって、夏の高水温はとても適温とはいい難い。大半の魚はほどよい水温で安定する深場へ移動するが、ベイトが豊富なシャローで晩夏を過ごす個体も少数ながら存在するのだ。数は少なくて釣り方も難しいが、コアなアングラーは磯に足を運ぶ。

この居残りロックフィッシュを手にするには、いくつも好条件が重なった磯にエントリーしなければならない。加えて捕食行動に出るタイミングをねらうことが大切だ。

その条件とは、次のとおり。

①日差しと潮通し／人が炎天下を避けて風通しのよい木陰に入るように、ロックフィッシュも快適な場所へと移動する。水温が日中にグングン上昇する夏は、冷たい潮が強く当たるエリアに身を潜めて暑さから身を守っている。生い茂る海藻の日陰や高低差のある根やハナレ磯の陰などを好む。潮通しのよい沖のハナレは理想的なポイントだ。

②サラシ／サラシの払い出しは空気中の酸素が取り入れられることで溶存酸素濃度が上がり、酸欠から魚を守ってくれる。

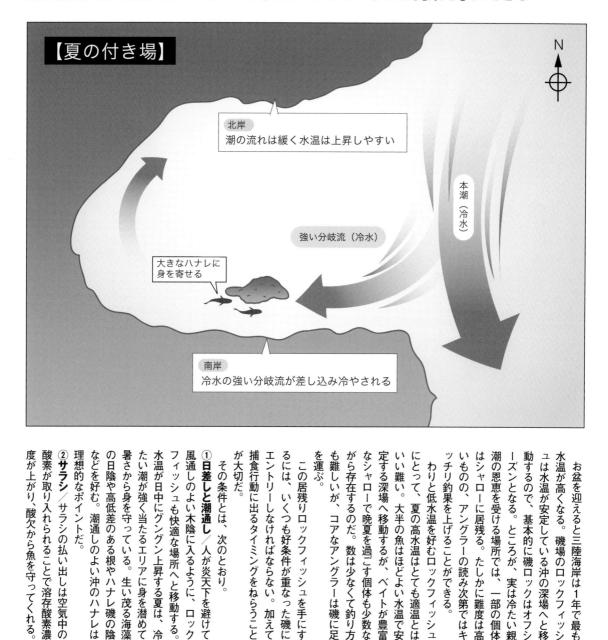

Q. 夏磯ロックは体力の消耗が激しい。薄着で快適に楽しみたいのだが？

A. 日焼け防止対策と小まめな着替えは必須。脱水症防止のため飲み物も多めに持参

ロックフィッシュが最も釣りづらいシーズンは夏。ほとんどがディープに移動するので魚がいない。ただし、全部が全部落ちるわけではない。極めて少数だがシャローに居残ってベイトフィッシュを追いかける個体もいる

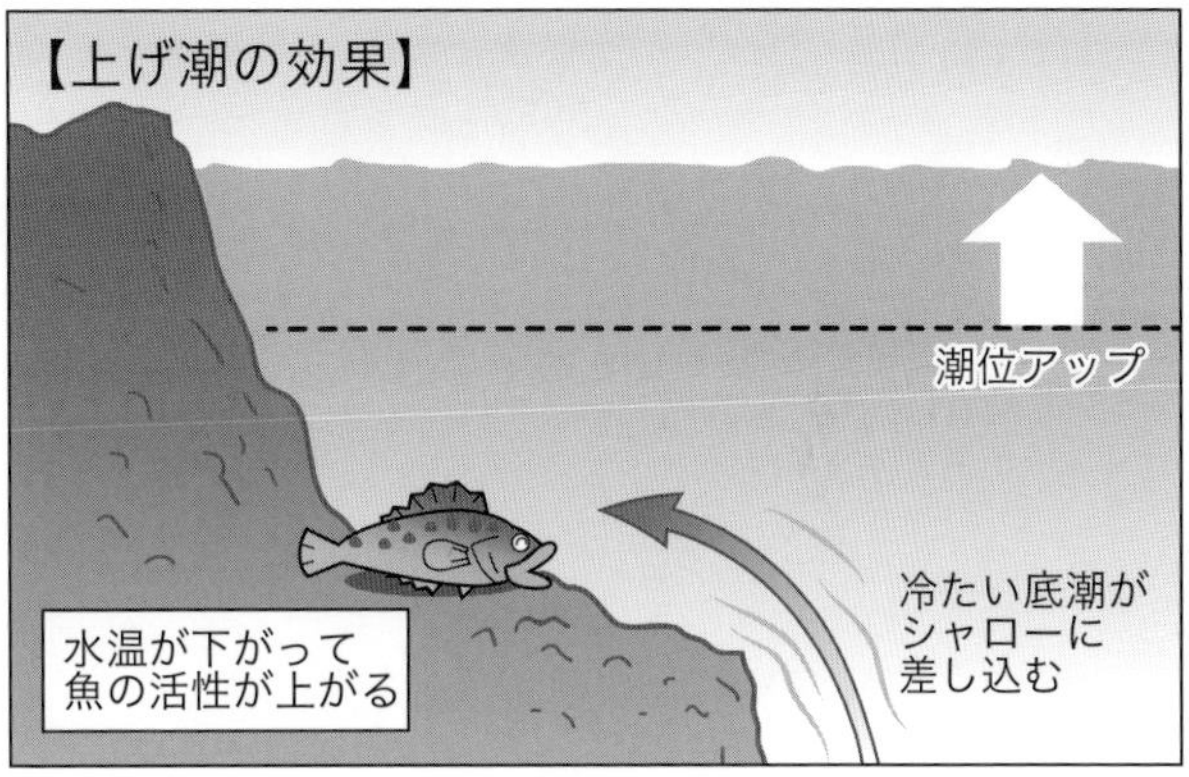

【上げ潮の効果】
潮位アップ
冷たい底潮が
シャローに
差し込む
水温が下がって
魚の活性が上がる

サラシにはベイトも集まるので夏は必ずチェックすべきポイントだ。

③上げ潮／潮位が上がってくるとシャローに冷たい底潮が差し込んでくる。夏場は下げ潮より上げ潮で魚の活性が上がる。

④北向きの南斜面／北向きの磯場は親潮の影響を受けやすい。下ってくる親潮の分岐流が差してくる。

⑤朝マヅメ／1日のうちで最も水温が低い時間帯になる。海水温はタイムラグがあるので、午前9時ぐらいまでは比較的水温が低い。つまり、「午前中が勝負」だ。

　魚を探すのが難しいイメージのサマーロックだが、シャローの居残り組はベイトを捕食するために残ったヤル気満々の魚なので、意外とイージーに口を使ってくれる。1ヵ所で粘らず、次々と移動していくランガンスタイルがおすすめだ。

　こうまでして釣行するのは、夏の魚はコンディションが抜群だからに他ならない。驚くほどに引きが強いのだ。誰でも味わったら病みつきになるに違いない。夏のロックフィッシュゲームは中毒性がある。

　なお、真夏のロックフィッシュは、大きく分けると「リフト&フォール」「ハイリフト&カーブフォール」「スイミング」の3パターンのアクションのいずれかで食わせられる。

　夏はイワシやウミタナゴ、メロウドなどを夢中で捕食する場面に何度も遭遇する。完全に小魚に目が向いている時は、スイミングとハイリフト&カーブフォールが鉄板アクションだ。

　スイミングは、いったん底取りしてから1mほど浮かせてタダ巻き。慣れるまではレンジキープが難しいので、時々ボトムを取り直しながらスイミングさせると浮きすぎを防げる。ハイリフト&カーブフォールは、速い動作で高く一気にワームを持ち上げ、そこからテンションをかけたままカーブフォールさせる。フォールに合わせて手前にロッドを引いてやるとワームがスライドするので、長めのフォールを演出できる。使用ワームはシャッドテールやカーリーテール、そしてピンテールなど。

　通常時はリフト&フォールでOK。ただし夏のリフト&フォールは、普段よりも高く持ち上げてから、ゆっくりとフォールさせる。夏は魚が広範囲に散っているので、大きくアピールさせて魚に気付いてもらわなければならない。使用するワームも『イール』といった魚を寄せる力の強いワームがおすすめだ。

シーズナルパターン **5** 初秋

序盤は夏同様に釣りづらいがベッコウゾイは一発の魅力

夏が過ぎて秋が訪れると、地上はいくぶん過ごしやすくなる。一般的に釣りのベストシーズンとされる秋だが磯ロックには時期尚早。しかし、この時期こそ自己記録を更新するモンスターがシャローに姿を見せる

崖状に切り立った足場の高い場所は、そのまま水中も深い場合が多い。スポーニングを意識し始める秋はシャローに近いミドルエリアとしてチェックしたい場所だ

秋の前半はシャローの水温が依然高いので、ポイントが遠いことも多い。ここぞとばかりにロングロッドの遠投が威力を発揮する。ショートロッドでは届かないコンタクトポイントの根を攻められれば爆発的な釣果を上げることも

9月も半ばを過ぎると風がサラリと心地よくなり、日中も随分と過ごしやすくなる。朝夕は秋の訪れを感じさせる。海水温も徐々に下がってくるのだが、低水温を好むロックフィッシュの適水温にはまだ遠い。

9月中旬から下旬にかけては、上昇した水温が充分に下がっていないので、アイナメは夏と同じディープやディープに近いミドルエリアでシャローに上がるタイミングを見計らっている。潮通しが良好でサラシが払い出しているような外洋に面した岬が有望。水温の低いディープが隣接し、ディープとミドルエリアを行き来する魚が体を慣らすコンタクトポイントがあれば最高だ。

特に大型アイナメは払い出しの流心でエサを持っていることが多い。そして、流れの緩いサイドにはベッコウゾイが身を寄せている。ただし、この時期の魚はベイトフィッシュの動きに左右されるので、イワシなどの群れに付いてディープへ落ちたりミドルエリアまで上がってきたりして動き回る。午前中はサラシに群れていた個体が午後には姿を消していることも。秋の始まりは何とも難しい。

ちなみに小魚がメインベイトになっているケースが多いので、夏同様にスイミングとハイリフト&カーブフォールを多用して探るのがセオリーだ。多くはディープに近い沖めのミドルエリアがポイントになるので攻めづらいが、射程圏内で条件の揃った場所を探せば、潮が動く時間帯やマヅメ時にチャンスが訪れる。こんな時こそロングロッドが活躍してくれる。

Q. サラシ周りには高水温期でもアイナメやベッコウゾイは潜んでいる？

A. もちろん寄っているが、それぞれ付き場が異なるので考えてアプローチすること

【サラシの付き場】
サラシ
アイナメはサラシの流心を好む
潮流
ベッコウゾイは流れの弱いサラシの脇にポジション取りをする。近くに根があれば潮裏に入る

夏の名残りを感じさせる秋の序盤に食ってくるベッコウゾイは大型が多い。しかも1年を通じて最も体力的に充実しているので、その引きたるや半端ではない

【サラシの付き場 断面イメージ】
弱いサラシ
強いサラシ
流れが弱いとアイナメはいない
アイナメは強い流れが当たる場所を好む
ベッコウゾイは流れが弱まる場所に付く

そして10月上旬になると、親潮が強く干渉するエリアからスポーニングに向けた準備に入り、ディープで夏を過ごしたロックフィッシュが徐々にミドルエリアに差してくる。ディープが隣接するミドルに群れるので、タイミングが合えば数釣り可能だ。また、ディープに近いミドルエリアで夏を過ごした個体は、環境変化に強いのでディープ組より一足早くシャローへと向かう。ディープ組は環境変化に敏感なので、ちょっとした水温変化で再びディープに落ちてしまう。ここでミドル組とタイムラグが生じる。

ベッコウゾイはアイナメより高水温に強いので、やや早いタイミングでシャローやミドルエリアに姿を見せる。数は釣れないもののシーズン序盤ほど型がよいので、自己記録更新をねらうアングラーはここが勝負。ギャンブル的な要素は強いが、食ってきたら高確率でモンスターだ。ベッコウゾイのねらいどころは、サラシの脇とサラシの真下。サラシで白くなっているのは上層だけで、意外と下は潮が緩かったりするのでサラシ直下も必ずチェックしている。

アイナメ、ベッコウゾイともにディープからミドル、ミドルからシャローへ移動すると、産卵や胎生に向けて秋の荒食いモードに突入する。雑食性が強まり、その日に回ってきたベイトをメインで捕食するなど日替わりでヒットルアーが変わるので、ミノーライクなワームからクロー系、ホッグ系など、いろいろ取り揃えておくことが大切だ。

釣り方もねちっこく誘うのがよい日もあれば、ヒュンヒュンと派手に動かしてみたり。状況に応じて臨機応変に攻めること。アングラーの引き出しが問われるので、攻めがいのある時期でもある。夏から秋にかけてのロックフィッシュは筋肉質で強烈なファイトを見せてくれる。掛けるまでは苦労するが、そのパワフルな引きはその苦労に見合う以上の感動を味わえる。

なお、スポーニングの一歩前だけにロックフィッシュには時期尚早だが、シーバスや青もの、フラットフィッシュといった他魚は活発にエサを求め動いている。厳しい時期だけにロックフィッシュ一本に絞らず、いろいろ合わせてねらうと1日楽しめる。メタルジグやミノーなどもケースに忍ばせておくとよい。

シーズナルパターン 6 晩秋

冷たい分岐流差し込む磯場に産卵を意識した大型が接岸

シャローが適水温に近づくとディープにロックフィッシュが戻ってくる。いよいよスポーニングが始まる。最初にねらうのは荒食いしているプリスポーン。ビッグワームで居場所を見つけたら、モンスターとのファイトは目の前だ

数は少ないもののモンスターが釣れるポイントと、中型が連発するポイントは隣接していることが多い。スポーニングシーズンは1尾でも釣れたら、その周辺エリアを丹念に釣り歩くことが大切。たまり場を見つけたら大釣り必至だ

10月中旬から11月中旬。季節は晩秋へと向かい、夏の高水温期を脱した水温が下降線を描く。いよいよロックフィッシュファンが待ち焦がれたスポーニングシーズンを迎える。この時期は産卵準備中、いわゆるプリスポーンの魚をねらう。パターンを見失うとスポーニングとは縁のない、小型ばかり釣るハメになるので注意が必要だ。

動きがあるのは10月中旬。ディープで高水温期を過ごしたアイナメたちが、いっせいにシャローの海藻エリアを目指す（アイナメ図中①）。ディープから上がってくる途中のコンタクトポイント（根や島）で魚体を休めてシャローの水温になじむまで滞在。産卵適水温に近づくとシャローへ移動を開始する（同②）。そして、スポーニングエリアのやや外側のミドルエリアで産卵のタイミングを計る。メスから先に行動するので最初はシャローにメスしかいないが、ほどなくオスの群れが入ってくる（同③）。いよいよスポーニング。メスがシャローに上がって産卵巣を形成。準備が整ったところでペアリングを行ない、11月末から12月中旬にかけて産卵する（同④）。

ベッコウゾイは、ディープに近いミドルエリアで高水温期を過ごす（ベッコウゾイ図中①）。そして、10月中旬にシャローやシャローに近いミドルエリアで胎生に備えて荒食い（同②）。ミドルエリアの潮が緩いエリアに移動して胎生態勢に入る。身重になると夜行性に近い性質になるため、あまり日中は口を使わなくなる。目の前を通過するベイトしか口にし

Q. プリスポーンの魚はどこに接岸するのか？

A. 親潮の分岐流が当たる湾口に近い岬の内側

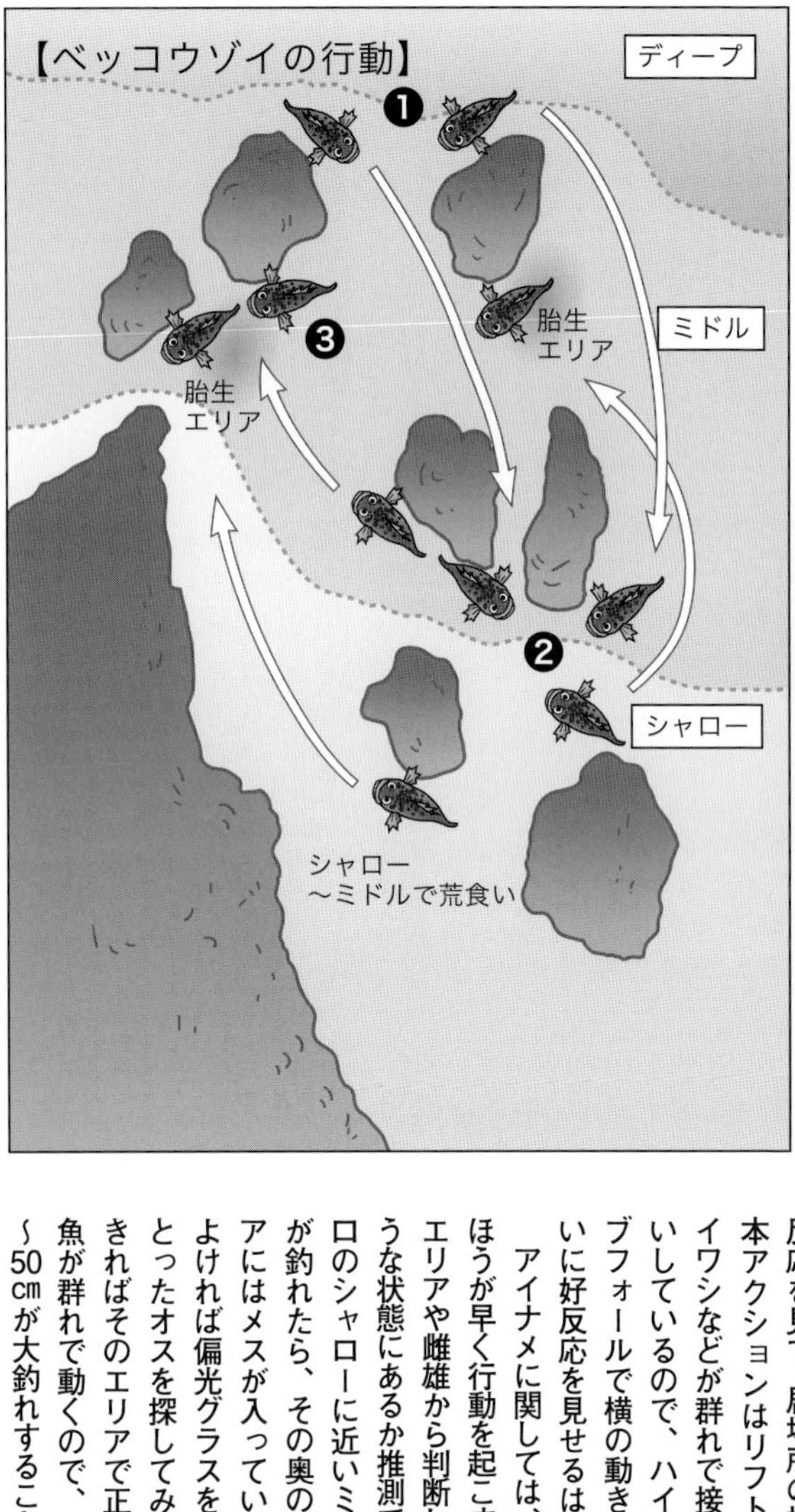

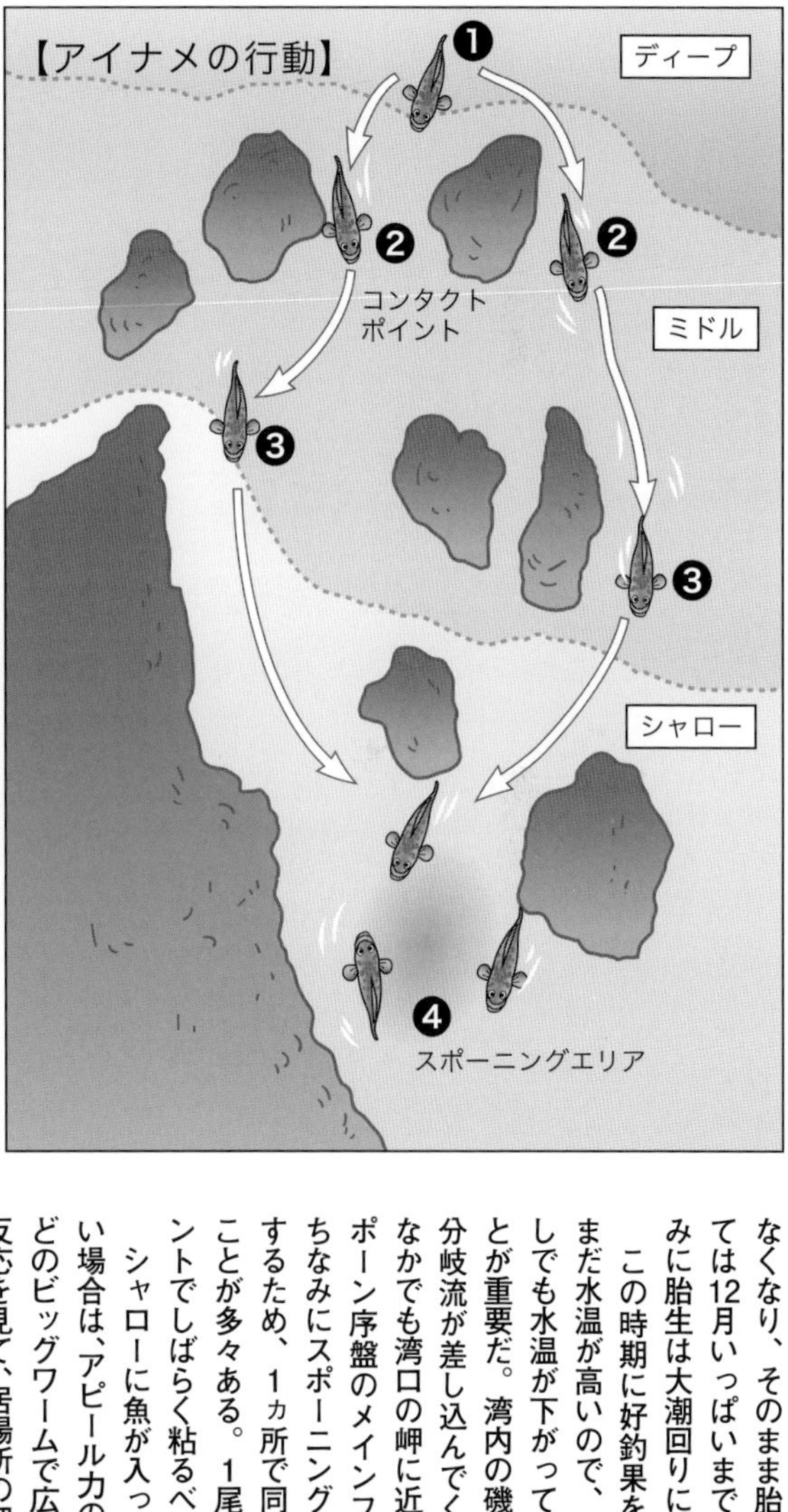

なくなり、そのまま胎生する。時期としては12月いっぱいまで順番に産む。ちなみに胎生は大潮回りに行なう。

　この時期に好釣果を上げるためには、まだ水温が高いので、他のエリアより少しでも水温が下がっている場所を探すことが重要だ。湾内の磯であれば、寒流の分岐流が差し込んでくる南岸が本命だ。なかでも湾口の岬に近いエリアがプリスポーン序盤のメインフィールドになる。ちなみにスポーニングの魚は集団で行動するため、1ヵ所で同サイズが連発することが多々ある。1尾釣れたら同じポイントでしばらく粘るべきだ。

　シャローに魚が入っているか分からない場合は、アピール力のある『イール』などのビッグワームで広範囲を流して魚の反応を見て、居場所の把握に努める。基本アクションはリフト&フォールだが、イワシなどが群れで接岸していれば荒食いしているので、ハイリフトからのカーブフォールで横の動きをイメージした誘いに好反応を見せるはずだ。

　アイナメに関しては、この時期はメスのほうが早く行動を起こすことから、釣れたエリアや雌雄から判断して、群れがどのような状態にあるか推測できる。たとえば湾口のシャローに近いミドルエリアでオスが釣れたら、その奥のスポーニングエリアにはメスが入っているはずだ。水質がよければ偏光グラスをかけて婚姻色をまとったオスを探してみるとよい。目撃できればそのエリアで正解だ。この時期は魚が群れで動くので、ツボにハマると40～50㎝が大釣れすることもある。

シーズナルパターン 7 初冬

スポーニングが佳境を迎え釣り方が細分化する

プリとアフターが混在するシャローからミドルエリアでどの魚をねらうのか。大型から産卵することから、型ねらいならアフター回復をねらうのも一手。自分のスタイルに合わせて攻め方を変えるなど、最もゲーム性に富む時期だ

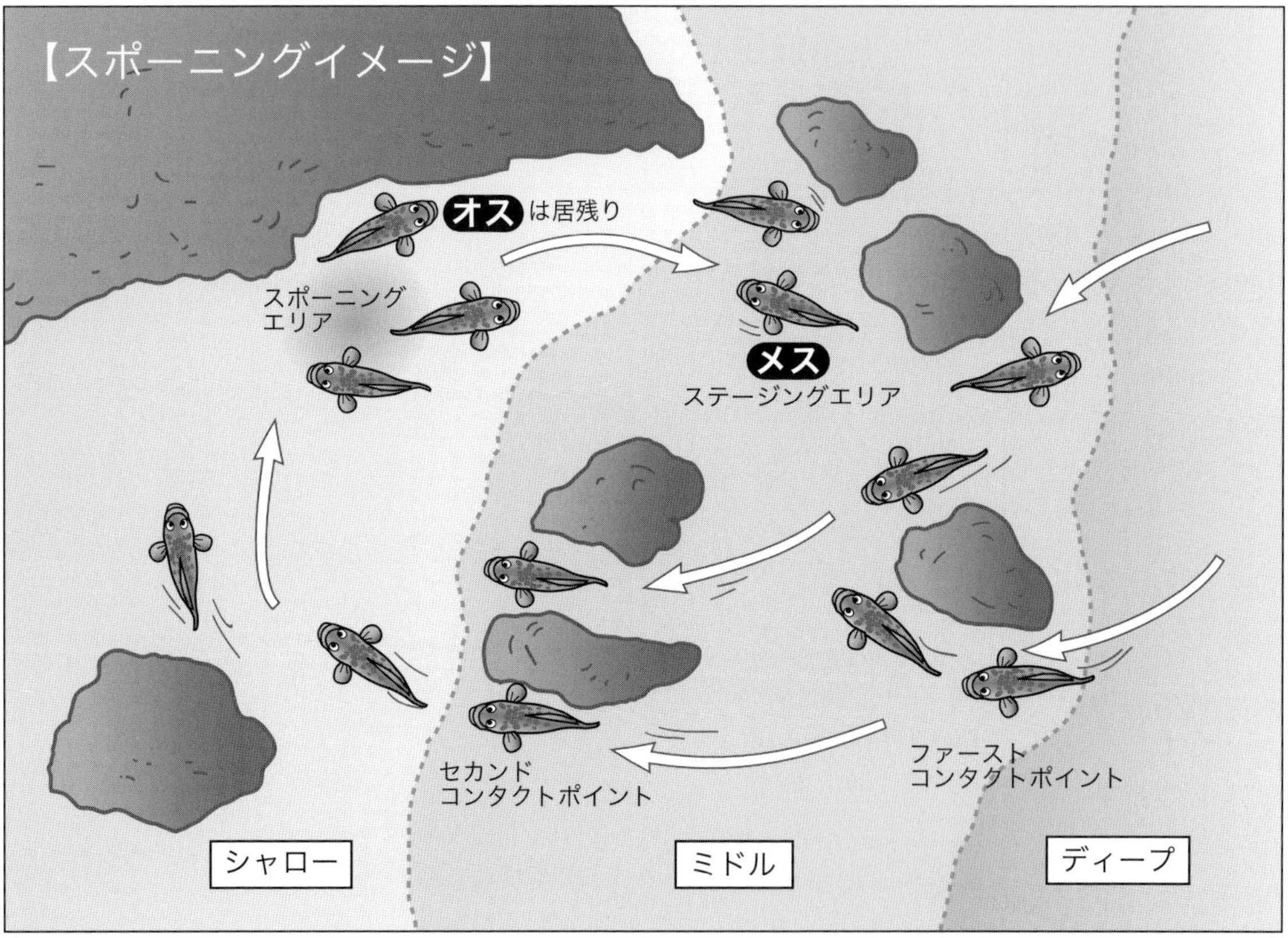

11月中旬になると三陸海岸は晩秋から冬へと装いを変えていく。広葉樹の森では落葉が進み、行く手を阻んでいた草も枯れて磯へのエントリーが楽になる。10月中旬から徐々に始まったアイナメのスポーニングも佳境。磯ロックはクライマックスを迎える。やはり産卵を控えたプリスポーンの魚をねらっていくわけだが、エリアによっては産卵を終えたアフターの魚も混在している。1尾の釣果からいろいろな情報を収集できるので、よりいっそうゲーム性が増して面白い。

10月中旬の第1陣に続き、11月もディープからミドルエリアに上がり、ファーストコンタクトポイントで魚体を慣らす。いつでも水温が安定したディープへ逃げられるようにブレイクに近いエリアで慣らすのだ。そしてセカンドコンタクトポイントなどを経由して徐々にシャローへ近づき、まずメスが水温が下がるタイミングでスポーニングエリアへ移動。メスが入ったあと、大潮回りの少し前のタイミングでオスもスポーニングエリアに向かう。

スポーニングエリアでは、メスが最初に入ってきてネスト（産卵巣）を作り、あとからやって来たメスとペアリング。ペアになった個体から大潮のタイミングで産卵を行なう。産卵を終えたメスは、ミドルのステージングエリアへと移動。オスはネストを守るためにスポーニングエリアにとどまる。

体力が落ちたアフタースポーン（産卵後）の魚はステージングエリアで体力が回復するまで動かず、少し回復してから

Q. スポーニングはいつ頃まで行なわれるのか？

A. アイナメは12月いっぱい。ベッコウゾイは12月中旬に集中

プリスポーンの魚が産卵に入る前に群れる場所を見つければ40～50㎝が連続ヒット。やや潮当たりのよい場所で、エサをたらふく食べている

スポーニングシーズンで、ある意味最も恐ろしいのが11～12月にかけて解禁となるアワビ漁。操業日と重なるとアイナメもベッコウゾイも見事に釣れない

典型的なシャローのスポーニングエリア。島が潮を遮るのでアフタースポーンの個体も魚体を休めている

荒食いを始める。メスが回復した頃にネスト守りを終えたオスが入ってくる。ちなみにアフタースポーンの魚はプリスポーンと違って潮の緩い場所を好み、根に囲まれた潮裏に身を隠している。

それぞれ状態が異なるので、釣り方も変わる。ディープからミドルに上がってきた魚はプリスポーンがメインなので、動き回って盛んにエサを口にする。回遊しているベイトフィッシュを追いかけていることもあるので、スイミングやハイリフト&フォールを多用してアピール重視の釣りを展開する。小魚がメインベイトの時は『ティーテールシャッド』や『パルスワーム』がよいが、甲殻類も食っているので『パルスクロー』などのクロー系も忘れないように。

ちなみにスポーニングエリアにはプリスポーンとポストスポーンの魚がいる。産卵中の魚は威嚇行動以外ほぼ口を使わない。プリスポーンの魚は身重になっているため動きが鈍く、甲殻類を主に食べるので、クロー系やホッグ系でフワフワ誘うと効果的だ。

アフタースポーンの魚は2タイプ。スポーニングエリアから移動してきて間もない魚は口を使わない。徐々に動けるようになると、甲殻類を捕食するようになる。それも積極的に泳ぐことはなく、待ち伏せして目の前を通過する甲殻類を居食いする。この回復してきた個体は、小さなリフト&フォールでタイトに根をなでるイメージでアクションさせると食ってくる。

ちなみにベッコウゾイの胎生は12月の中旬に集中する。胎生が近づくと日中は身動きせずにストラクチャーにタイトに付くようになるのでなかなか釣れないが、甲殻類が目の前を通過すると口を使う。潮が緩くて水深のあるミドルエリアをスローに探ると出会える確率が高い。

シーズナルパターン 8 厳寒期

常夜灯下にアイナメが潜む 真冬は堤防でナイトゲーム

厳寒期はほとんどの根魚が深場に落ちて越冬するが、すべて落ちるわけではない。一部は浅場に居残って少しでも居心地のよい小さな漁港に入ってくる。条件の揃った漁港を探し出せば、雪の降る夜の三陸海岸でアイナメを拝める

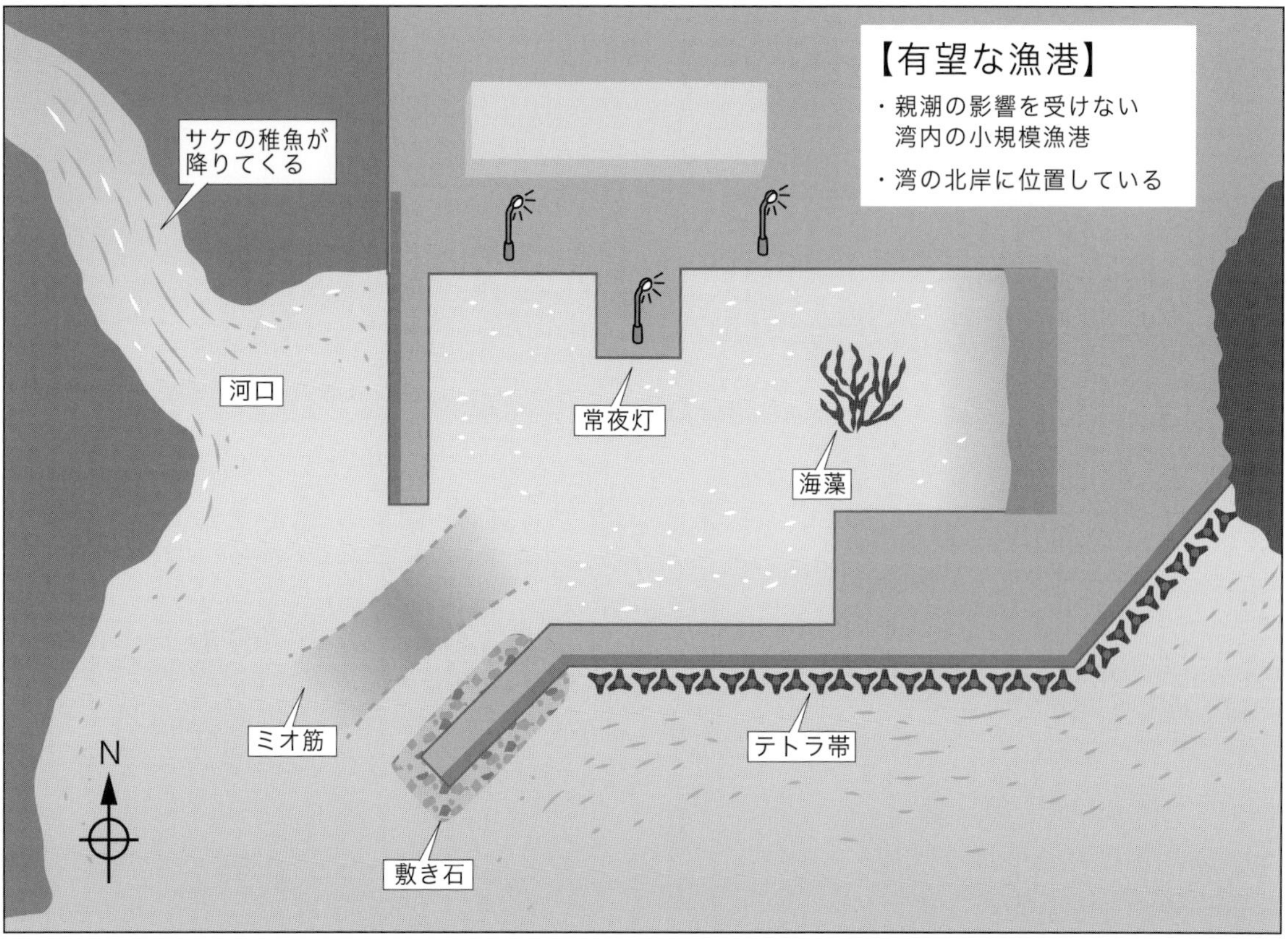

２月中旬は、暦の上では春だが三陸海岸は厳寒期である。海は陸上の気温よりも１ヵ月ほど進行が遅いので、３月下旬まではキンキンに冷やされる厳しいシーズンだ。ロックフィッシュの大半は水温が安定する水深50ｍ以深の根周りに落ちて越冬しているので、オカッパリは１年の中で最も厳しい。しかしシャローからすべてのロックフィッシュが消えるわけではない。目を向けるべきは湾内の漁港だ。おすすめはナイトゲーム。夜の主役はクロソイだが、厳寒期に関してはアイナメもメインターゲットになる。

もちろん、どの漁港でも釣れるわけではない。有望な項目は次のとおり。

①近くに流入河川がある／水温が低下するので流入河川の流れが直撃する港は避けたいが、ベイトがプアな厳寒期にサケの稚魚が大量に川を下ってくる。

②日中は日当たり良好／湾の北岸部へ南向きに造られた港が、日中に長く照らされるので水が温められる。水深は５～８ｍがよい。

③底質は砂泥に根が点在／砂泥底は岩礁にくらべてベイトが多い。

④港内に複数の海藻が繁茂／モガニをはじめ多彩なベイトが集まるので厳寒期は必要不可欠。

⑤海面を照らす常夜灯／常夜灯が海面を照らすとプランクトンが寄り、食物連鎖が始まる。厳寒期から春先にかけては、この明かりに３㎝程度のミミイカが群がってくる。これがアイナメにとって絶好のベイトになる。

⑥湾の内側にある／外洋に面した港は、

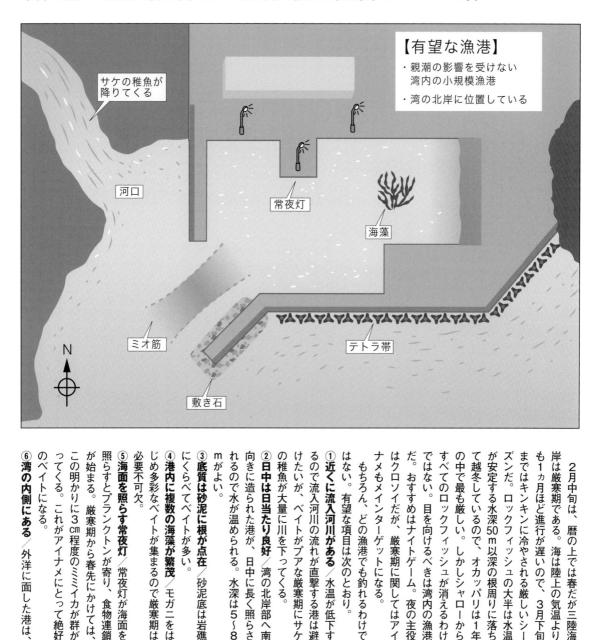

Q. 厳寒期は深場で越冬するのでオフシーズン？

A. 基本的にはオフになるが、一部の魚は港に身を寄せる

漁港に入ったら、まずは常夜灯周りのチェックから始めるとよい。明るい場所だけに港に回っているベイトの有無や水質などさまざまな情報が手に入る

夜の堤防ロックの主役は１年を通じてクロソイだが、厳寒期に関してはアイナメも港内に姿を見せる

テトラ帯や敷石は足元がポイントなので遠投する必要はない。穴に落とし込んでからリフト＆フォール

北から下ってくる親潮（千島海流）の影響をモロに受けるので期待が薄い。

⑦港の規模が小さい／小規模港は潮の動きが小幅なので水温の変動も穏やか。

探るポイントは「常夜灯」「敷石&テトラ」「ミオ筋」。まずはベイトが一番集まりやすい常夜灯周りから探る。その日のベイトを確認できる点と水質もチェックできるので、必ず常夜灯下から始める。大型のアイナメが期待できる。なお、ルアーは必ず暗い側や係留船の影から明るいエリアに向かって引くこと。魚は暗部に身を潜め、明るいエリアを通過するベイトを捕食する。大半のバイトが明かりの境目に集中することからも明白である。

敷石やテトラ周りでは、浮いている時とストラクチャーにタイトに付いている場合で攻め方を変える。ベイトフィッシュに刺激されて魚が上層を意識している時は、3g程度の軽いジグヘッドやライトテキサスでスイミングさせてねらう。隙間や穴に身を潜めている場合は5〜7gのテキサスリグを足元の穴へ丁寧に落とし込み、軽く縦のリフト&フォールで誘う。反応がなかったら次の穴。スローにアクションさせることが秘訣。

ミオ筋はブレイクを探る。ベイトフィッシュが入っていたら数釣りできる可能性が高い。ブレイクに沿って回遊する個体だが、捕食モードの魚が多いため目立つカラーのワームで攻めるのがセオリー。浮かせ気味に攻めたいので、3〜5gのジグヘッドリグやMキャロなどで攻略する。アクションは浮かせ気味のリフト&フォール。細かく刻むとよい。

シーズナルパターン 9 春序盤

水温が下限に達して安定すれば湾内磯で一発大物が期待できる

大半がディープやミドルエリアでシャローに上がるタイミングをうかがっているが、体力のある大型に関しては一足早くシャローに差してくる個体もいる。水温の上がりやすい磯に大型ロックフィッシュの気配が漂う

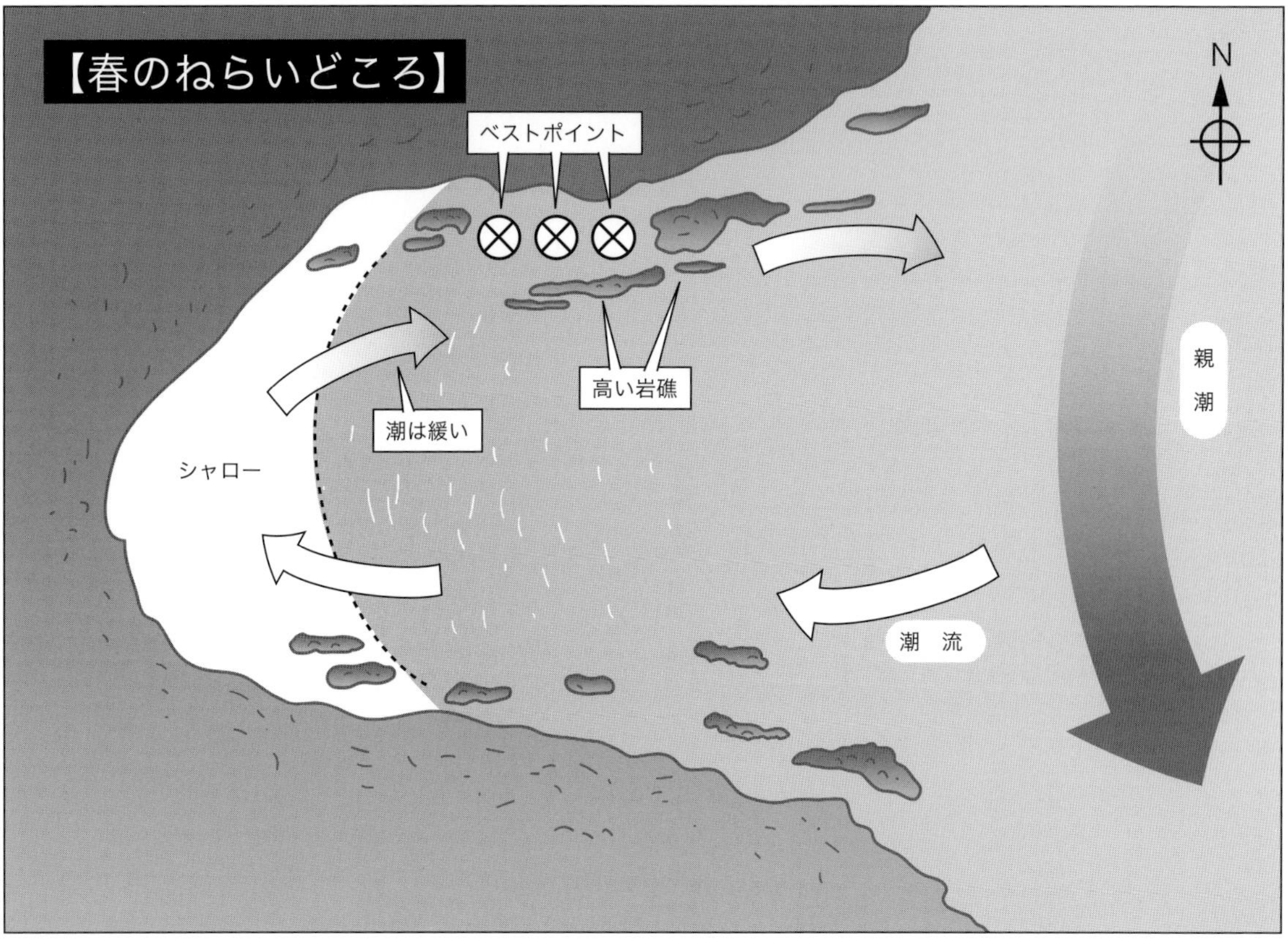

3月下旬から4月上旬ともなると、陸上は春真っ盛りだ。ただし、海の中はまだまだ冬。厳寒期に引き続き水温が下限に達しているので磯ロックには相当厳しいが、一発大ものの可能性を秘めているのもこの時期といえる。三陸海岸には雪代が流れ込み、北から下ってくる冷水と相まって水温が下がりきる。下がりきったところで落ち着くと、ギャンブル的な要素が強い春の磯ロックシーズンが幕を開ける。

エントリーするのは水温が上がりやすく下がりにくい湾内の磯。そんな都合のよい磯はそうそうないが、なるべく理想に近いフィールドを目指す。

水温上昇が見込める磯の条件は次のとおり。

①日当たりがよい南向き／湾内北側の南向きエリアが理想。

②高低差の激しい岩礁に囲まれている／高い岩が壁の役割を果たしてくれるので、冷水や波の直撃を避けられる。

③流入河川が近くにない／雪代の影響を避ける。

④潮の流れが緩い／外洋に面した磯は親潮の影響を受けやすく流れも速い。魚がとどまれないので、潮の流れが緩やかな湾内の磯から選んで入る。

⑤近くに広い浅場が控えている／急深なエリアは水温の上昇が鈍い。水温が上昇しやすい浅場に隣接したエリアが有望。

なお、この季節は水温が上がる午後に口を使うことが多い。潮は上げ潮ではなく下げ潮がねらいめだ。上げ潮は外洋の冷水が押してくるので水温が下がりやすい。下げ潮ではシャローで温められた水

Q. 午後に食いが立つならば、朝から釣行してもムダ？

A. 半夜スタイルで足を運んで、堤防ナイトと2本立てを推奨

春のロックフィッシュシーズンまで１ヵ月早いと極端に魚影は薄い。それでもシャローに魚は入っている。ただし、水温が低すぎるので釣り方に注意。ハイシーズンのように手早くルアーを動かすと魚がついてこられない。とにかくスロー＆ソフトに。そして丁寧な操作を心がける

海藻が生い茂っているエリアはモガニが多く、エサを求めてアイナメが頻繁に顔を出す。ほとんどの魚がディープに落ちて越冬しているなか、積極的にエサを口にする貴重な個体が午後の一時だけ顔を出す

が湾内を回りながら出て行くので水温が下がることはない。

ロックフィッシュが捕食行動に出るかどうかは水温にかかっているので、少しでも高く安定した時間帯をねらうのが鉄則だ。

なお、春先のベイトは、サケの稚魚、小イワシ、イサダ（ツノナシオキアミ）など。小さいベイトが多い点とゴカイ類を就餌することもあるので、3inクラスの細身のワームに反応がよい。シルエットを抑えながらも波動でアピールできる『パルスワーム』が活躍する。そして定番の甲殻類パターン。この厳しい季節に魚がシャローで過ごす最大の理由が、海藻に生息しているヨツハモガニなどのモガニ類を捕食すること。モガニ類をメインベイトにしている魚には『パルスクロー』や『バルキーホッグ』の3inがよい。どちらもリフト＆フォールで使うのだが、どうしても魚の活性が低いので「タイト」「スロー」「小刻みに」に徹すること。

シャローに残ったヤル気のある個体といえども活性は驚くほど低い。ハイシーズンのようなスピーディーなリフト＆フォールでは対応できずにバイトしてこない。丹念にネチネチ攻めることが大切だ。春先の磯ロックは正直かなり厳しいが、出ればコンディション抜群の特大サイズに出会える。

夜の堤防ロックもまだハイシーズンなので、午後から磯ロックで大ものをねらい、日が沈んだら堤防に転進すれば、一発ねらいと数ねらいを1日で楽しめる。意外に春先も熱いゲームが展開できるのだ。

秋から冬にかけて行なわれる一大イベント
荒食いのタイミング見極め好釣果を手にする

年ごとにスポーニングの推移や場所にズレが生じるので、アジャストさせるべく推理していくところが面白い

堤防でもスポーニングの魚はねらえるので、ビギナーは磯にこだわらず、まずは自分のレベルに合わせてロックフィッシュゲームを楽しんでいただきたい

50cmアップを手にしたら、翌年はロクマル超をねらおう。釣れるか否かという結果はさておき、目標を掲げることがハードな磯ロックには大切なのだ

ねらいどおりのポイントでバイトがあって読みどおり魚が釣れた時、ゲームを満喫できていると実感できる

岩手県で見られるアイナメのスポーニングは11～12月いっぱい。岩手より南に向かうほど後期にズレていく。逆に岩手県よりも北は早まる。たとえば北海道や青森県では10月上旬からスポーニングが始まる。

秋冬の魚で釣りやすいのはプリスポーンである。特に産卵まで1週間ほどの個体は貪欲だ。オスはルアーをエサとみなすと物陰から襲いかかってくわえ、戻ろうと反転するのでアタリも大きい。身重のメスも動きこそ鈍いものの荒食いしている。そして産卵。オスはネストを守り、メスはやや水深のある穏やかな岩陰に移動する。ここからアフターの魚をねらうか、続いて入ってくるプリをねらうかで釣り方や探るポイントが変わる。

あとから入ってくるプリスポーンはヤル気満々で釣っていて楽しめるが、先に産卵を終えた個体はサイズが大きい。アフター回復と、入ってくるプリスポーン。どちらをねらうか決めるのは自分だ。

ちなみに産卵直後はダメージが大きくて積極的にエサを追うことはないが、徐々に体力が戻ってくるとアフターも盛んに就餌するようになる。最初は居食いすることが多く、アタリが分かりづらい面もあるが、だいたい産卵を終えて2週間ほど経過した魚は活発にエサを食う。

このハイシーズンを納得いく内容でしめくくるためにも、ちゃんと目的を持ってフィールドにエントリーしたい。そして、これからロックフィッシュ・ゲームに入門する方も、このスポーニングシーズンで場数を踏んで釣りに慣れるとよい。なお、産卵絡みの個体なので、記念撮影などを速やかに終えたら極力ダメージを与えないように優しくリリースしていただきたい。

塩津紀彦　ロックフィッシュ激釣バイブル

その他の釣魚たち

アイナメとベッコウゾイ以外にも抜群の人気を誇るロックフィッシュたち。
それぞれ特徴ある釣り方で楽しまれている。
磯ロック愛好家ならば多少は型にこだわりたいところだ。
そんな私なりの釣り方をピックアップして紹介しよう。

アナザーフィッシュ 1 HOW TO クロソイ

ベイトフィッシュが接岸すれば怒涛の入れ食いモードに突入

三陸海岸で夜のロックフィッシュゲームといえばクロソイが主役。ライトテキサスやジグヘッドといった基本を覚えるには格好のターゲットだ。1年を通じて堤防に居着いているので、四季の移ろいを感じながら楽しむのもよい

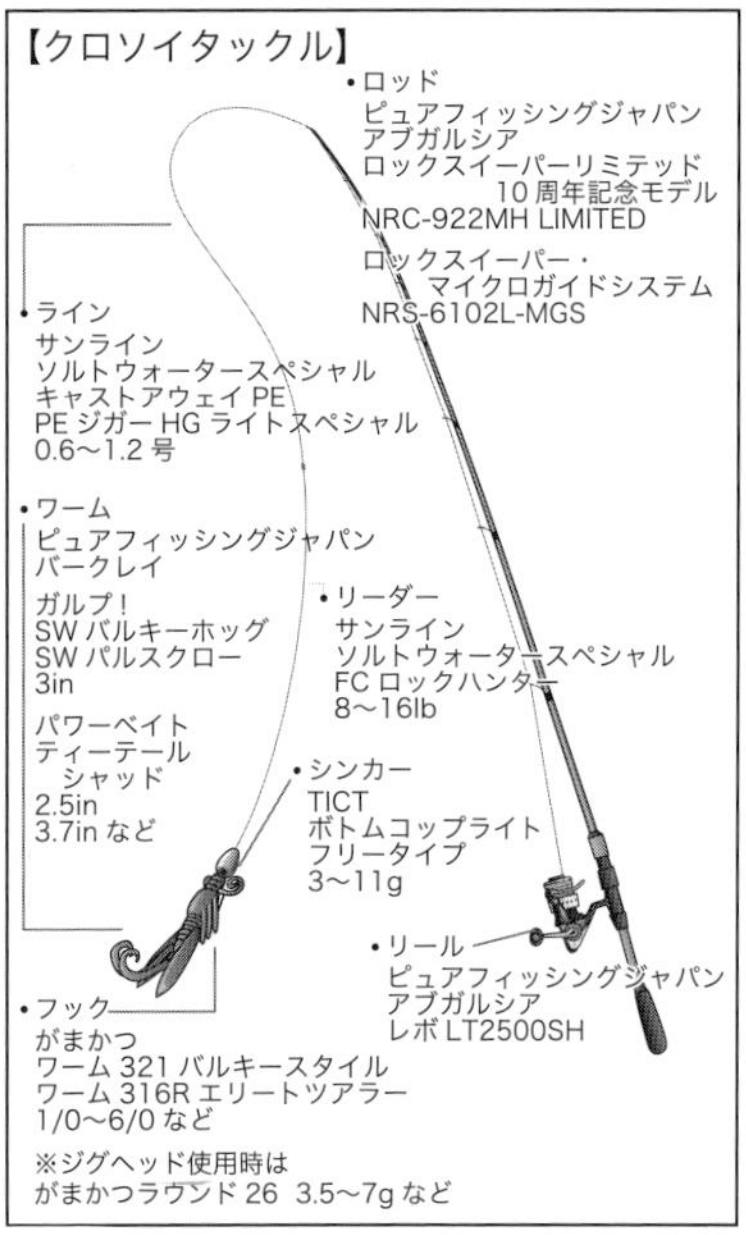

ポイントは足元なのでワームは軽く投げる程度でよい。敷石の少し沖に落として砂地との境目を探る。食欲なので近くを通過すれば食ってくる

メバルを代表とするライトタックルのロックフィッシュゲームといえば、夜を思い浮かべる人が多いことだろう。磯ロックが盛んな三陸海岸でも、夜の堤防で気軽に遊べるクロソイは抜群の人気を誇る。現在は堤防の修復工事も進んで港内に常夜灯も設置され、安全に堤防ロックが楽しめるようになった。何年間も東北の釣り場はクローズ状態だったのでクロソイも多く、入門者にもってこいのターゲットといえる。

クロソイは1年中漁港の堤防に居着いている夜行性の根魚で、イワシの群れが接岸してスイッチが入るなど活性の高い日に当たれば30㎝までの数釣りが楽しめる。日中でも釣れないことはないが、テンポよく釣れる夜にねらうほうが断然面白い。30㎝を超えると堤防を離れて沖の深場へ移動するといわれているが、コアなファンは50㎝クラスをオカッパリでキャッチしている。過去には65㎝のモンスターもあがっており、30㎝以上がいないわけではない。アイナメやベッコウゾイのように、釣り込むほどに深い一面が見えてくるターゲットだ。

1年中釣れるクロソイだが、特に5～7月と10～12月いっぱいがイージーに釣れる。低水温期は水の入れ替わりが緩やかな小潮回りの下げ、夏は冷たい水が差してくる大潮回りの上げ潮を釣るとよい。条件的には深夜よりも日没直後が有望なのだが、ベイトフィッシュが接岸したら深夜でも急に食いが立つ。主に甲殻類を食べている時は流れの緩い潮止まり前後がよく、接岸した小魚を追いかけて

Q. １年中釣れるクロソイだがハイシーズンはある？

A. 10月末〜１月いっぱいは釣りやすい。5〜7月中旬もイージー

青ものなどに追われてベイトフィッシュが堤防に追い詰められると、クロソイも続々と集まってくる。尺クラスが連発するのも三陸海岸では珍しくない

堤防の内側でもあらゆる変化にクロソイは付いているので、入門者も楽しみながら根魚の付き場を覚えられる

ベイトフィッシュをたらふく食べてコロコロに太ったクロソイのボリューム感は特別。このフォルムで泳力に長けているのだから、その引き味は魅力的だ

いる時は潮が動いているほうが釣りやすい。なお、水質はクリアが望ましいが、アイナメほどシビアではない。

釣り方はスピニングタックルを用いるライトテキサスもしくはジグヘッドの釣り。ジグヘッドといっても最近流行の軽量ジグヘッドではなく3・5〜7gと少々重い。ワームはフィッシュライクな『ティーテールシャッド』や『パルスワーム』を中心にクロー系の『パルスクロー』や『バルキーホッグ』を用意しておき、釣り場のベイトフィッシュの有無を確認して使い分ける。タックルはモンスターが食ってきてもあしらえるパワーを備えたセッティングが望ましい。

「地形変化に富んでいる」「潮通しがよい」「ベイトフィッシュの群れが頻繁に回遊してくる」という条件を好むので、堤防の先端周りが安定して釣れる。

イワシなどの小魚を捕食している時は横方向の動きに反応がよく、アクションの基本はピッチの長いリフト&フォール。クロソイは泳力が強く、サスペンドしていることが多いので、浮かせ気味にフワフワ誘うと効果的だ。フォールもスローに。

甲殻類を捕食している場合は、底を取りながらのリフト&フォールでよい。コツコツと底を小刻みに叩きながら探ってくると、ムラソイやマゾイが食ってくる。バイトは敷き石と砂地の切れ目や沈みテトラの際でゴツゴツと明確に出る。軽く引いてワームにテンションをかけ、エサが逃げると勘違いして必死にくわえ込んだところでフッキング。ちなみにゴンと吸飲系のバイトが出たら良型だ。

アナザーフィッシュ 2 HOW TO メバル

磯が点在する夜のサーフで出れば尺超えシャローメバル

気軽にねらえつつも釣趣あふれる一面がアングラーのマニア心をくすぐるメバル。ロックフィッシュゲームの花形ともいえる人気ターゲット。この魚もまた尺をねらって釣る

【メバルタックル】

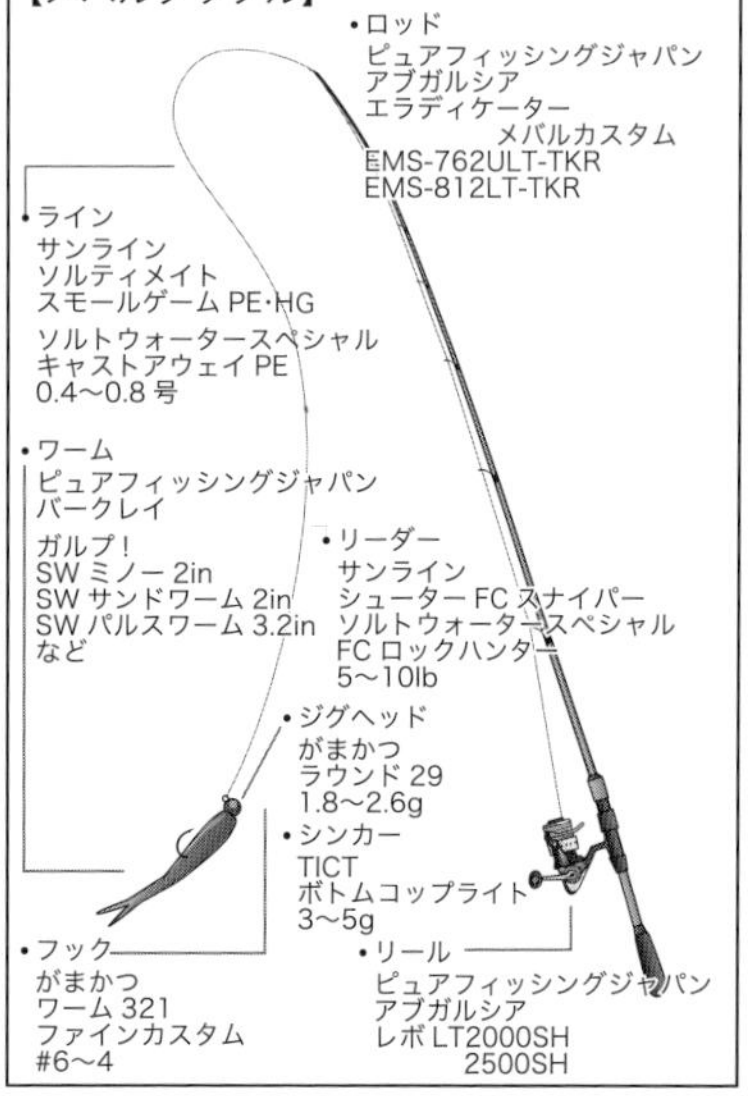

アタリはあるが乗らない場合は、立ち位置を変えてトレースするコースを変えてみる。潮に対してアップクロス気味に通してやると一転して連続ヒットすることもある。ルアーを通すコースは非常に重要なのだ。価値ある1尾をねらおう

私のメバリングは堤防で楽しむお手軽なメバリングとはちょっと異なる。スピニングタックルのジグヘッドリグという点では同じだが、例のごとく「出れば尺」というサイズに偏ったスタイルである。

そのスタイルとは、サーフにウェーディングするシャローメバル。深くても3m、浅いと30㎝ほどしかない超シャローで尺メバルを食わせる。茨城県の大洗海岸など、砂利浜に磯場が点々と顔を出しているような潮通し良好なビッグフィールドがねらいめだ。ロッドはファーストテーパーのメバルロッド。7ft6inのチューブラートップを愛用している。根の粗い場所を攻めるのでリールには8lbの『ファイヤーライン』を巻く。これに2inのミノーライクなワームをセットした、やや大きめのジグヘッドを結ぶ。

条件的には新月の大潮回りで、海にニゴリのない日が理想。メバルは日が沈むと沖の根からエサを求めてシャローに差してくるので、満潮から下げに向かって潮が動き出すタイミングでヒットすることが多い。潮の動きを見ながら差してくるコースを予測して待ち伏せするとよい。

具体的な釣り方は、風や潮に応じて臨機応変に対応する。風が正面や横から吹く時はラインが取られたりふくらんで感度が鈍るので、テンションが抜けないように速めのスイミング。風の穏やかな時は、潮の流れにジグヘッドを乗せて潮上から漂わせるようにして流す。シャローメバルは潮位によってメバルのポジションが大きく変わるので、その読みが難し

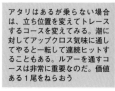

Q. 20㎝で良型とされるメバル。ねらって尺が釣れるのか？

A. 「ねらう」というより「出れば尺」というスタイルを貫けば、必然的に尺を手にできる

その筋肉質なボディーと巨大な尾ビレが生み出すパワーは強烈の一言。40㎝程度のシーバスより明らかにしめ込みが強烈。尺超えメバルには、ある程度パワーを持たせたタックルでないと太刀打ちできない

Abu Garcia
Pro Staff

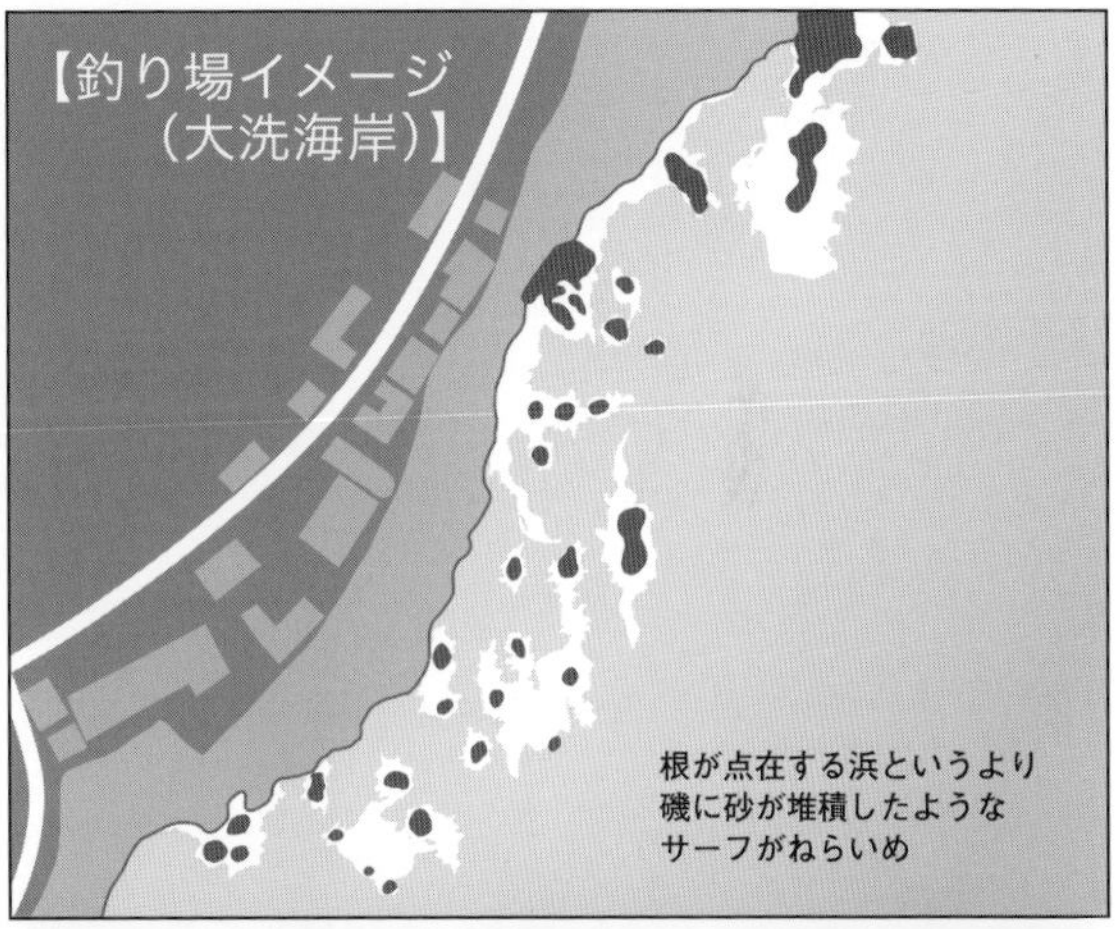
【釣り場イメージ
（大洗海岸）】
根が点在する浜というより
磯に砂が堆積したような
サーフがねらいめ

就餌回遊してくるメバルをねらうので基本コンセプトは「ここぞ」という場所での待ち伏せだ

く、そこを推理するのが面白い。ちなみに満潮前後は水深50㎝ほどの超シャローに差してくることも多いので、チャンスを見逃さないように注意すること。

外洋の尺超えメバルの引きは半端ではない。40㎝程度のシーバスやヒラメとは比較にならないしめ込みを見せる。しかもシャローで掛けるので横へと猛烈に走る。まごつくと根擦れするので、ヒットしたらロッドパワーにものをいわせてグイグイ寄せ、フィニッシュは寄せ波に乗せて一気にズリ上げる。波が引いたらサーフでメバルが跳ねるので、急いでキャッチして完了だ。ジグヘッドも細軸タイプだと伸ばされるので、太軸のパワータイプを使うこと。

なお、尺メバルは一晩で何尾も釣れる魚ではないので、ゲストフィッシュの釣れぐあいで釣り方が間違っていないかを判断する。ムラソイがコンスタントにヒットしてくれば、ポイントや攻め方を外していないと考えてよい。あとはメバルがヒットするのを信じてキャストを続けるだけだ。

メバルのヒットが望めるのは日没後だが、ウェーダーを履いて波打ち際まで立ち込むので、明るい時間帯に釣り場に入ってフィールドの形状を覚えておくとよい。これは安全面でも非常に大切なことだ。特に初めて足を運ぶ場所では徹底してほしい。また、ショート丈のフローティングベストを必ず装着してほしい。ちなみに明るい時間帯はメバルではなく、ヒラメやシーバスがヒットするので、こちらもあわせてねらうと楽しめる。

アナザーフィッシュ 3 HOW TO ハタ

基本は東北の磯ロックと同じだが根擦れ対策と根掛かり回避策が鍵

難攻不落の錦江湾をはじめ、西日本各地でブレイク中のグルーパーゲーム。オカッパリではパワータックルで臨んでも一筋縄では攻略できない。東北で培った磯ロックスタイルは確実に通用するので熱くなっている

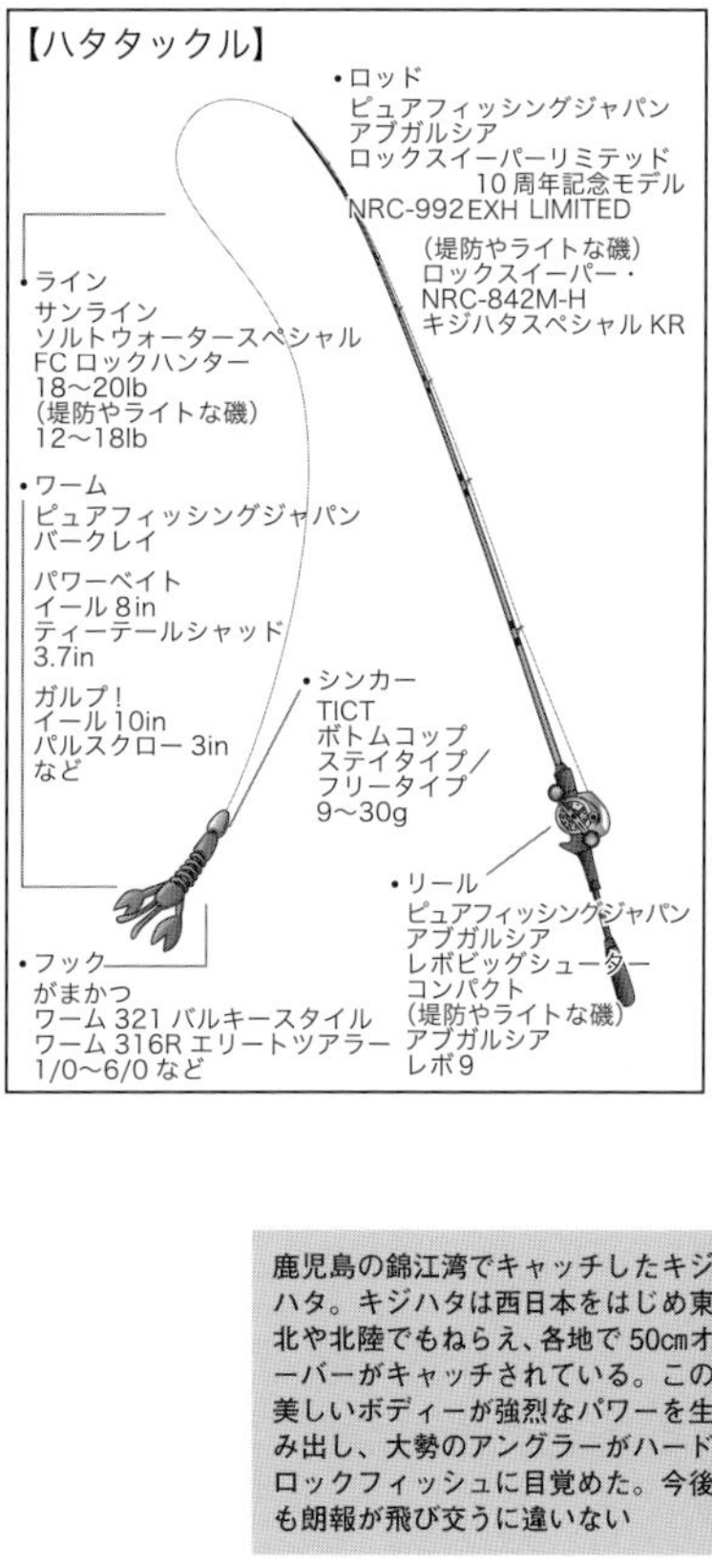

鹿児島の錦江湾でキャッチしたキジハタ。キジハタは西日本をはじめ東北や北陸でもねらえ、各地で50㎝オーバーがキャッチされている。この美しいボディーが強烈なパワーを生み出し、大勢のアングラーがハードロックフィッシュに目覚めた。今後も朗報が飛び交うに違いない

大型のアイナメやソイをねらう東北スタイルのロックフィッシュゲームの新しいターゲットとして加わったのがハタ。

ハタは南のロックフィッシュパラダイスと称される鹿児島県錦江湾をはじめ西日本で人気急上昇中のターゲットだ。なかでも注目を浴びているのがオオモンハタやキジハタ、アカハタだ。いずれも5〜10月にかけて釣れるが、浅場でエサを追いかけるハイシーズンは6〜8月いっぱい。適水温の高い夏の魚だ。甲殻類を好むキジハタに対して、オオモンハタはイワシなどの小魚を主食とするなど食性が異なるとされるが、いずれのハタも小魚が群れで接岸すれば魚、少なければ甲殻類を捕食している。ちなみに魚にスイッチが入れば、それほどワームの種類に気をつかわなくても食ってくる。

ハタは昼夜を問わず釣れる魚だが、時合は夕方に訪れることが多く、太陽が傾くとシャローに差してくる。特にベイトフィッシュの群れがシャローに見えたら、その下にはハタが付いていると考えてよい。ベイトについているハタをねらう場合は、フラッシング効果のあるシンカーを使うと効果的だ。

鹿児島県錦江湾に何度か足を運んでみたが、溶岩質の鋭い根が複雑に入り組んでおり、難度の高いフィールドであると感じた。根掛かりが激しいうえにハタがヒットすると根に潜るので頻繁にスタックする。ここで強引に引っ張ったりすると、20lbのフロロカーボンですらエッジの利いた溶岩の根で簡単にブレイクするので慎重に。

Q. ハタゲームは西日本以外でも楽しめる？

A. キジハタは東北にも生息している。アイナメのオフシーズンに期待

▼最近盛り上がっているグルーパーゲームの主役オオモンハタ。50㎝クラスともなれば、その引きの強さに翻弄されるはず。新しいターゲットの登場に胸が躍る

▲ハタ類の中では小型の部類に入るアカハタ。最近は各地で乱獲されて数が減ってきたと聞く。ハタも一度抜いてしまうと復活には時間を要する。ぜひとも小型はリリースしよう

いずれのハタも真夏がハイシーズンなので、アイナメやベッコウゾイがディープに落ちているあいだに楽しむことができる

こうしたハードなフィールドでこそ根掛かり回避能力に優れたロングロッドが威力を発揮する。ハタが掛かった場合も、ロッドのストロークを生かして、素早く根から引き離すことができる。錦江湾は非常に釣りづらいフィールドだが、間違いなく数多くのオオモンハタとキジハタをストックしているので今後の開拓が楽しみだ。

釣り方は、まず10inのビッグワームをキャスト。初めて入る場所ではアピール力の強いワームを使って魚の反応を見る。遠くの魚にもアピールするイメージで高めのリフトを心がける。そして、ハタの反応が薄い場合は8in、そしてシャッドテールなどのスイミング系へとサイズを落とし、ベイトフィッシュが確認できない場合はワームをクロー系に替えてみる。私もハタは模索中なので、目ぼしいポイントを探る際は立ち位置を変えて違う角度からルアーを通してみたり、ルアーをまめに交換してカラーやアクションを変えて次のように丁寧に探るようにしている。

①ビッグワームで広範囲を手早くサーチ
②シャッド系で巻きの釣り
③クロー系で大きなリフト&フォール
④クロー系を岩陰へ丁寧に入れていく

こうした流れで探っていけば、ハタを手にできるはずだ。

ポイントは潮通しが良好な岬や馬の背の潮表。シャローから落ち込むブレイクのエッジがねらいめだ。いずれも数は出ないが、出れば良型の可能性が高い。仕掛けが引っ張られるぐらい潮が効いていると期待値も高まる。

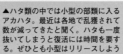

あとがきにかえて

彼の地を想う

元気を取り戻し始めた東北にぜひ足を運んでいただきたい。ただ自然をながめに来るだけでも癒されるはず。そして、復興が進む町並みやいまだに残る震災の爪あとなど、どんなことがここで起こり、そこから立ち直ろうとしているか感じてほしい

金華山渡船が出る石巻市の鮎川に震災後の7月に訪れた。鮎川港は観光地の金華山や田代島、網地島などの離島へ渡る拠点となる牡鹿半島最大の港。アスファルトがはがれたり家の基礎まで流されていた。津波の力の強大さに驚かされるばかりだった

緑萌える新緑の山々、そそり立つ岩肌を打ちつけるディープブルーの荒波、清く澄んだ風とともに秋色に染まる渓、静寂の里山に深々と降り積もる粉雪。

四季折々の東北の景色。

日本の原風景が東北にはまだ脈々と息づいている。

杜の都・仙台で大学時代を過ごし、東北の風土を身体全体で感じ、東北ならではの心温まる人と人とのコミュニケーションに触れ、私が東北地方の虜になるのにそう時間はかからなかった。

東北に6年ほど住み、その後、地元の茨城県へ帰って来てもなお、私の東北魂は消えることなく、かれこれもう15年も毎週のように東北へ足を運ぶ生活を繰り返している。

「なぜ、そこまで東北にこだわるのか?」

そんな質問を受けることが多々あるが「東北が好きだから」の一言に尽きる。

とはいっても、まぁ細かいことを挙げれば山のようにその理由はある。

釣りは大自然の中に身を置き、そして深くシンクロすることで成り立つ遊びだと私は考えている。

広大な東北には、その大自然が手つかずのまま残っている。次の日に足腰が立たなくなるぐらい全力で遊んで、遊んで、遊びまくってもなお遊び尽くせない雄大なフィールドだ。

釣りに行けば行っただけ新しい発見があり、試してみたいことや新しく足を伸ばしてみたい場所が次々と出てきてしまう……。

「冒険心をくすぐられる」とでもいうべきだろうか。

東北へ行かないなら行かないでも、地元の関東地方で充分に魚は釣れる。しかし、私の求めるものは単に魚を釣るだけではない。東北の清々しい空気の中で魚

4ヵ月以上経っても手つかずのままの金華山。震災で流されたガレキが港や磯を埋め尽くしていた。待合所とお土産売り場も津波により大破した

『トミジの海』は語り部となって全国で講演する斉藤さんの話に共感した千葉のベイＦＭ協力のもとに作られた絵本。震災の記憶が風化しないように子供たちに津波の恐ろしさを伝え続けるため、宮城県内の幼稚園や小学校などに配られたものを特別にいただいた

遠くから流れてきた生活感が残るガレキもあり、津波の恐ろしさを痛感させられた。沈んで大破している車は、私が愛用していた民宿の車

と戯れ、そして自然をリアルに感じたい。そんな釣り以外の部分も含めて「釣りに行く」というより「釣りを通じて東北を楽しみに行く」ということが、おそらく心の根幹にはあるのだろう。

3月11日。

そんな私の愛する東北が震災に襲われた。その被害は甚大で、今なお復興は道なかばである……。

震災後、少し自分の生活が安定すると居ても立ってもいられず、私は東北へと向かった。

活気あふれる港町、強面だが根は優しい漁師さんの営みを支える漁村、優しい奥さんがいつも温かく迎えてくれる民宿。

そのすべてがのみ込まれてしまっていた……。

普段は優しく遊び場を提供してくれる自然だが、分かっていたつもりであったが、時として人間の手ではあらがえないほど強大で無慈悲な顔を見せることもあるのだ。私は痛感した。

ただただ破壊された私の好きだった景色の中をふらふらと歩いた。

救援物資を運ぶかたわらで、地震のすさまじさ、津波の恐ろしさなどを沢山の方々から聞くことになり、さらには被災地を自分の目で見てまわり、臭い、温度、湿度、さまざまなリアルを体験することで、起きたことの凄惨さを感じた。

テレビの画面をとおしただけでは、さらには離れた地からではどうしてもこの悲惨な現状も他人事の域を抜けなかっただろう。

そして、その後も東北へ足しげく通い、復旧そして復興へ向かって歩き始めた姿を目にするたびに熱いものが込み上げてくる。

「こんなことでは東北は負けないよ!」

震災で多くのものを失った金華山で民宿を営み、震災前は毎週のように飲んでいた鮎川の斉藤富嗣さんが私にいろいろなことを聞かせてくれた。

「どんなに厳しい状況であろうが、どんな試練が待っていようが、うちらはまた元の生活を取り戻すから」

何とも心強い言葉。

震災の語り部になり全国で公演するようになった斉藤さんは言う。

「ぜひとも被災地に足を運んでください。復興はまだ始まったばかりですが、見に来て感じてください」

震災の記憶の風化が問題になっているが、残念ながらそのとおりだと思う。東北から離れれば離れるほど、風化が加速しているように感じられてならない。

いま一度東北で起こった未曾有の大震災を思い出してほしい。

月並みだが、復興への協力の第1歩は被災地を想うこと。被災地を想い忘れぬことだと真に思う。

そして元気を取り戻し始めた東北へ、あふれんばかりの大自然に囲まれた東北へ、ぜひ1度は……いや、1度といわず2度、3度と足を運んでいただきたい。

がんばろう東北!

今回の本を編集するにあたって取材を行なった。各漁港の堤防や岸壁はかなり修復が進んでいたが、港のあちこちに震災で流れ着いたガレキがいまだに残っていた。復興にはまだ時間がかかりそうだ

プロフィール

塩津紀彦

しおつ・のりひこ。１９７７年、茨城県生まれ。３歳で人生初となるハゼ釣りを体験。その後『釣りキチ三平』の影響で釣りにのめり込み、10歳でバスフィッシングに出会う。大学で磯ロック魂に目覚め、ブーム以前から牡鹿半島の磯に通い50㎝を超えるベッコウゾイやアイナメを追い求める。現在も険しい悪路を乗り越え数々のモンスターをキャッチ。自己記録はアイナメ 61 ㎝、ベッコウゾイ 56 ㎝。チーム・ハンター所属。サポートメーカー／ピュア・フィッシング・ジャパン、サンライン、パズデザイン、がまかつ、ティクト、ＺＰＩ、タレックス、エンドウクラフト

塩津紀彦
ロックフィッシュ
激釣バイブル

2016 年 5 月 1 日発行

監修：塩津紀彦
編集：伊藤　巧
発行者：山根和明
発行所：株式会社つり人社
〒101-8408　東京都千代田区神田神保町 1-30-13
TEL03-3294-0781（営業部）
TEL03-3294-0806（編集部）
印刷・製本：図書印刷株式会社

乱丁、落丁などありましたらお取り替えいたします。
©Tsuribitosha 2016.Printed in Japan
ISBN978-4-86447-089-6　C2075
つり人社ホームページ http://tsuribito.co.jp

本書の内容の一部、あるいは全部を無断で複写、複製（コピー・スキャン）することは、法律で認められた場合を除き、著作者（編者）および出版者の権利の侵害になりますので、必要の場合は、あらかじめ小社あてに許諾を求めてください。

平成 16 年 7 月 1 日に施行された「国際航海船舶及び国際港湾施設の保安の確保等に関する法律（国際船舶・港湾保安法）」により、IMO（国際海事機関）における改正 SOLAS 条約（海上人命安全条約）を受け、海上保安庁の保安規定の承認を受けた施設管内への一般人の立ち入り禁止区域が設定されました。釣行の際には、事前に最寄りの釣具店や国土交通省の HP（http://www.mlit.go.jp/kowan/port_security/00.html）等にて承認箇所（立ち入り禁止区域）をご確認ください。また釣り場では必ずライフジャケットを着用し、くれぐれも事故のないよう、自己責任にて安全第一を心がけましょう。